피터 빈트의 진짜 영국식 영어

(찐영국인)

찐 영국인 피터 빈트의
진짜 영국식 영어

1판 1쇄 인쇄 2025. 11. 17.
1판 1쇄 발행 2025. 11. 28.

지은이 피터 빈트

발행인 박강휘
편집 김애리 | 디자인 조명이 | 마케팅 이서연 | 홍보 이아연
발행처 김영사
등록 1979년 5월 17일(제406-2003-036호)
주소 경기도 파주시 문발로 197(문발동) 우편번호 10881
전화 마케팅부 031)955-3100, 편집부 031)955-3200 | 팩스 031)955-3111

저작권자 ⓒ 피터 빈트, 2025
SBS 〈김영철의 파워FM - 피터의 진짜 영국식 영어〉 Copyright ⓒ SBS
이 책은 저작권법에 의해 보호를 받는 저작물이므로
저자와 출판사의 허락 없이 내용의 일부를 인용하거나 발췌하는 것을 금합니다.

값은 뒤표지에 있습니다.
ISBN 979-11-7332-420-8 13740

홈페이지 www.gimmyoung.com 블로그 blog.naver.com/gybook
인스타그램 instagram.com/gimmyoung 이메일 bestbook@gimmyoung.com

좋은 독자가 좋은 책을 만듭니다.
김영사는 독자 여러분의 의견에 항상 귀 기울이고 있습니다.

하루 5분으로 완성하는
영국식 말하기 레슨

찐 영국인

피터 빈트의
진짜 영국식
영어

피터 빈트 지음

현지에서 바로 통하는 리얼 회화 표현 150

김영사

> **들어가며**

    영어에 관해서라면, 영국인인 저는 종종 "우리의 언어를 미국이 빌려 쓴 거지"라고 농담하곤 합니다. 하지만 진지하게 말하자면 영국식 영어와 미국식 영어는 가깝고도 먼 사촌입니다. 서로 완전히 이해할 수 있고 종종 같은 뜻으로 쓰이기도 하지만, 때때로 완전히 다릅니다. 우리는 대부분의 문법을 공유하고 대체로 잘 통합니다. 그러다 차이가 등장합니다. 'lift vs elevator', 'flat vs apartment', 'football vs soccer', 'colour vs color', 'shed-jule vs sked-jule', 이런 차이는 단순한 어휘 문제가 아닙니다. 그것은 곧 '문화가 숨어 있는 증거'입니다.

    이 책은 바로 그 교차점에 서 있습니다. 이 안의 표현들 중 일부는 전 세계 어디서나 편하게 쓸 수 있습니다. 반면 어떤 표현은 영국 특유의 유머, 절제된 말투, 그리고 약간의 장난기가 배어 있는 '아주 영국적인' 표현들입니다. 저는 가능한 한 그 차이를 쉽게 풀어 설명하려 했습니다. 하지만 목표는 어느 쪽 영어가 '정답'이라고 단정하는 게 아닙니다. 진짜 사람들이 실제 상황에서 어떻게 말하는지를 생생히 느끼게 하는 것, 그게 이 책의 목적입니다.

    SBS 라디오, 특히 김영철 씨는 제가 사랑하는 방식으로 영국식 영어를 가르칠 수 있는 훌륭한 무대를 제게 열어줬습니다. 짧고 재미있게 핵심만 빠르게 전하면서 청취자를 웃기고 실제로 쓸 수 있는 표현 하나를 남기는 것.《찐 영국인 피터 빈트의 진짜 영국식 영어》는 그 방송을 종이 위에 옮겨놓은 책입니다. 각 항목은 한

입 크기로 담았습니다. 간결한 설명, 자연스러운 대화문, 문화적 맥락, 그리고 표현의 톤과 격식('이건 캐주얼한가, 정중한가?', '영국식인가, 미국식인가?, '조금 강한 표현인가?')에 대한 안내까지, 이 책에서 방송의 리듬이 들리길 바랍니다.

라디오를 듣고 "그 작은 표현 하나 덕분에 원어민처럼 들렸어요", "곤란한 상황을 넘길 수 있었어요", "대화가 훨씬 즐거워졌어요"라며 메시지를 보내주시는 모든 분께 진심으로 감사드립니다. 그런 사연들 덕분에 새로운 표현과 문장을 계속 떠올릴 수 있습니다. 여러분이 이 책에서 방송만큼, 아니 그보다 더 많은 걸 얻길 바랍니다. 책은 밑줄을 긋고, 접어두고, 다시 펼칠 수 있으니까요.

아침마다 짧고 즐겁게 영국식 영어 표현을 전할 수 있도록 믿고 맡겨주신 SBS 라디오와 김영철 씨께 다시 한번 감사드립니다. 그리고 이 책을 펼친 독자 여러분께, 이 페이지들이 당신의 발걸음에 가벼운 탄력을 주고, 걱정을 조금 덜어주며, 진짜 통하는 영어를 전해주길 바랍니다.

라디오에서, 그리고 이 책의 여백에서 다시 만나요.
서울에서
피터 빈트

이 책을 읽는 법

'찐 영국인'처럼 말하고 싶다면! 이 책의 100% 활용법

❶ QR코드를 찍으면 각 표현을 소개한 〈김영철의 파워FM〉의 팟캐스트 방송을 들을 수 있습니다.

❷ 찐 한국어와 1 대 1 완벽 매칭! 누구나 일상에서 겪어봤을 법한 상황을 청취자의 친근한 사연처럼 소개하며 해당 영어 표현이 쓰이는 맥락을 자연스럽게 알 수 있습니다.

❸ 판에 박힌 표현이 아닌 찐 영국인들이 현지에서 쓰는 표현입니다. 하루에 5분씩 익히기 딱 좋은, 간단하면서 임팩트 있는 표현들만 골랐습니다.

❹ 각 표현이 실제로 어떤 대화 속에서 쓰이는지 피터의 목소리로 자동 재생되는 생생한 예문을 살펴볼 수 있습니다.

❺ 피터의 입담을 책으로 그대로 옮겨온 '피터의 한마디'는 영국식 표현이 탄생한 배경 및 활용법을 알려줍니다.

❻ 피터의 꿀팁 대방출! 해당 표현 외에 같은 뜻을 가지고 있는 다른 표현 및 미국식 표현과의 차이점을 알 수 있어요.

❼ 표현이 쓰이는 예문을 추가로 읽어보며 어떻게 활용하면 좋을지 생각해보세요.

❽ 우선 표현을 머릿속으로 외우고 직접 써보며 내 것으로 만들어보세요.

차 례

들어가며 — 4
이 책을 읽는 법 — 6

CHAPTER 1 감정의 표현 Feeling

LESSON 001 기진맥진 • 14	LESSON 014 중꺾마, 중요한 건 꺾이지 않는 마음 • 40
LESSON 002 정 떨어져 • 16	LESSON 015 학을 떼다 • 42
LESSON 003 지긋지긋해 • 18	LESSON 016 듣는 둥 마는 둥 • 44
LESSON 004 가지가지 하네 • 20	LESSON 017 온몸이 쑤신다 • 46
LESSON 005 아리송해 • 22	LESSON 018 밥맛이 꿀맛이야 • 48
LESSON 006 좋다 말았네 • 24	LESSON 019 억울해 • 50
LESSON 007 일희일비 • 26	LESSON 020 알딸딸해 • 52
LESSON 008 조마조마해 • 28	LESSON 021 귀에 쏙쏙 들어온다 • 54
LESSON 009 설상가상 • 30	LESSON 022 두 손 두 발 다 들었다 • 56
LESSON 010 질색팔색하다 • 32	LESSON 023 허전해 • 58
LESSON 011 작심삼일 • 34	LESSON 024 뭘 이런 걸 다 • 60
LESSON 012 발걸음이 가벼워 보여 • 36	LESSON 025 티가 나나 봐 • 62
LESSON 013 싱숭생숭 • 38	

영국 이모저모 1 • 축구 Football — 64

CHAPTER 2 관계의 표현 Relationship

LESSON 026 친구 따라 강남 간다 • 68
LESSON 027 젊은 꼰대 • 70
LESSON 028 볼수록 매력 있어 • 72
LESSON 029 넌 진짜 사랑꾼이야 • 74
LESSON 030 이심전심 • 76
LESSON 031 짚신도 짝이 있다 • 78
LESSON 032 브로맨스 • 80
LESSON 033 서로 알아가는 중입니다 • 82
LESSON 034 오지라퍼 • 84
LESSON 035 내로남불 • 86
LESSON 036 새해 복 많이 받으세요 • 88
LESSON 037 눈엣가시 • 90
LESSON 038 깻잎 세 장 차이 • 92

LESSON 039 척하면 척 • 94
LESSON 040 읽씹하지 마! • 96
LESSON 041 아빠랑 붕어빵이네 • 98
LESSON 042 너 무슨 꿍꿍이야? • 100
LESSON 043 우리 꼭 만나자 • 102
LESSON 044 너한테 찰떡이야 • 104
LESSON 045 넌 내 스타일이 아니야 • 106
LESSON 046 실물이 낫네 • 108
LESSON 047 넌 웃는 모습이 예뻐 • 110
LESSON 048 잠수 좀 탔어 • 112
LESSON 049 내 취향 아니야 • 114
LESSON 050 손이 많이 가 • 116

영국 이모저모 2 • 매너Manners ———————————————— 118

CHAPTER 3 일상의 표현 Daily Life

LESSON 051 이거 신상이야 • 122
LESSON 052 엄마 손맛 • 124
LESSON 053 나 몇 살처럼 보여? • 126
LESSON 054 입맛에 맞으시나요? • 128
LESSON 055 이 맛에 산다 • 130
LESSON 056 소확행 • 132
LESSON 057 무념무상 • 134
LESSON 058 살펴가세요~ • 136
LESSON 059 화사하다 • 138

LESSON 060 일찍 좀 자! • 140
LESSON 061 그냥 차려준 대로 먹어 • 142
LESSON 062 엎어지면 코 닿을 데 • 144
LESSON 063 장롱면허 • 146
LESSON 064 한턱 쏴! • 148
LESSON 065 택시비가 비싸요 • 150
LESSON 066 맛집 추천해주세요 • 152
LESSON 067 발로 차지 마 • 154
LESSON 068 주말이 순삭이네 • 156

LESSON 069　세상 참 좁다 • 158
LESSON 070　알록달록 • 160
LESSON 071　새싹반 • 162
LESSON 072　고소한 냄새 • 164

LESSON 073　순산하세요 • 166
LESSON 074　전화가 안 터져 • 168
LESSON 075　우리 아기는 순해요 • 170

영국 이모저모 3 • 신사 Gentleman ──────── 172

CHAPTER 4　사회생활의 표현 Social Life

LESSON 076　왜 나만 시켜 • 176
LESSON 077　진행시켜! • 178
LESSON 078　자리를 비웠어 • 180
LESSON 079　첫 거래 감사합니다 • 182
LESSON 080　자리 맡아놓는 법이 어딨어요? • 184
LESSON 081　대기 걸어놨어? • 186
LESSON 082　시비 걸지 마 • 188
LESSON 083　말꼬리 잡지 마 • 190
LESSON 084　출입 금지 • 192
LESSON 085　사서 고생이다 • 194
LESSON 086　인맥이 넓다 • 196
LESSON 087　입장 바꿔 생각해봐 • 198

LESSON 088　딴사람이 됐어 • 200
LESSON 089　감 잡았어 • 202
LESSON 090　제일 잘나가는 게 뭔가요? • 204
LESSON 091　무단 투기 금지 • 206
LESSON 092　일이 산더미야 • 208
LESSON 093　오해하지 말고 들어 • 210
LESSON 094　자세 똑바로 해 • 212
LESSON 095　이만 가보겠습니다 • 214
LESSON 096　오~ 다시 봤어 • 216
LESSON 097　한 박자만 쉬어가자 • 218
LESSON 098　순발력이 좋다 • 220
LESSON 099　잔돈은 안 주셔도 돼요 • 222
LESSON 100　이제 익숙해 • 224

영국 이모저모 4 • 왕실 The Royal Family ──────── 226

CHAPTER 5　유머의 표현 Humor

LESSON 101　말이야 방구야 • 230
LESSON 102　아재 개그 • 232

LESSON 103　가재는 게 편 • 234
LESSON 104　울며 겨자 먹기 • 236

LESSON 105	거기서 거기 • 238
LESSON 106	못 참아! • 240
LESSON 107	그건 입버릇이야 • 242
LESSON 108	예쁘면 다야? • 244
LESSON 109	호박에 줄 긋는다고 수박 되나 • 246
LESSON 110	임금님 귀는 당나귀 귀 • 248
LESSON 111	안물안궁 • 250
LESSON 112	꿩 대신 닭 • 252
LESSON 113	개천에서 용 난다 • 254
LESSON 114	뒷북치지 마! • 256
LESSON 115	낄끼빠빠 • 258
LESSON 116	남의 떡이 더 커 보인다 • 260
LESSON 117	변덕이 죽 끓듯 • 262
LESSON 118	그렇다 치고 • 264
LESSON 119	너는 계획이 다 있었구나 • 266
LESSON 120	입이 궁금하다 • 268
LESSON 121	그것 참 명언이다 • 270
LESSON 122	완전 꿀조합이네 • 272
LESSON 123	세상에 공짜는 없어 • 274
LESSON 124	생각하기 나름이야 • 276
LESSON 125	내 말이 그 말이야 • 278

영국 이모저모 5 • 영국UK ——— 280

CHAPTER 6 극적인 표현 Dramatic Expression

LESSON 126	역전 실패 • 284
LESSON 127	무대를 찢었다 • 286
LESSON 128	나도 한 입만! • 288
LESSON 129	배꼽 빠진다 • 290
LESSON 130	이거 실화야? • 292
LESSON 131	어림도 없다 • 294
LESSON 132	눈에 확 띄네 • 296
LESSON 133	뒤끝이 길다 • 298
LESSON 134	대박 나자! • 300
LESSON 135	맥이 뚝 끊겨 • 302
LESSON 136	속이 뒤집어지네 • 304
LESSON 137	엎치락뒤치락 • 306
LESSON 138	기다리다가 목 빠지겠다 • 308
LESSON 139	역대급이야 • 310
LESSON 140	미역국 먹었어 • 312
LESSON 141	이미 엎질러진 물이야 • 314
LESSON 142	꿈자리가 사나웠어 • 316
LESSON 143	냄새가 지독해 • 318
LESSON 144	술 좀 작작 마셔 • 320
LESSON 145	딱 질색이야 • 322
LESSON 146	아주 뻔뻔하기 짝이 없네 • 324
LESSON 147	질리지가 않아 • 326
LESSON 148	또 놔버렸어 • 328
LESSON 149	왜 이렇게 서툴러? • 330
LESSON 150	너 출세했네! • 332

영국 이모저모 6 • 차Tea ——— 334

CHAPTER 1

> **감정의 표현**
> Feeling

LESSON 001

기진맥진

피터, 혹시 '기진맥진'이라는 사자성어를 들어본 적 있나요? 한국에서는 몸과 마음이 완전히 바닥날 정도로 지쳤을 때 이 표현을 써요. 단순히 피곤한 걸 넘어, 에너지가 바닥나고 아무것도 하기 싫을 정도의 상태를 뜻해요. 이런 극강의 피로감을 표현할 때 영국식 영어로는 어떤 표현을 써야 자연스러울까요?

I'm absolutely knackered.

DIALOGUE 일상 대화로 표현 익히기

Jinyoung How was your day?
오늘 하루 어땠어?

Peter I'm absolutely knackered. I woke up at 4am.
완전 기진맥진이야. 오전 4시에 일어났거든.

Jinyoung You should get some rest.
좀 쉬어야겠네.

Peter Yeah, I'm heading to bed early tonight.
응, 오늘은 일찍 자려고.

피터의 한마디

이런 사자성어, 정말 어렵죠! 그런데 영국식 영어에는 이 느낌을 딱 잡아주는 단어가 있어요. 바로 "knackered"입니다. 참고로 'kn-'으로 시작하는 단어는 k 발음을 하지 않는 거, 알고 계시죠? "knackered"는 기운이 다 빠진, 완전히 녹초가 된 상태를 말해요. 이 표현은 영국에서 자주 쓰입니다. 그리고 이 피곤함을 더 강조하고 싶다면 앞에 "I'm absolutely"를 붙여서 말하면 됩니다. "I'm absolutely knackered", 다시 말해 '나 완전 기진맥진이야.' 듣기만 해도 피로가 몰려오는 느낌이죠?

TIP

이 표현은 영국에서 자주 쓰이는 말이고, 미국에서는 exhausted가 더 일반적으로 쓰여요.

문장 활용해보기

I need a nap. I'm absolutely knackered.
잠깐 눈 좀 붙여야겠어. 완전 기진맥진이야.

You look absolutely knackered.
너 완전 기진맥진한 것처럼 보여.

직접 써보기

I'm absolutely knackered.

LESSON 002

정 떨어져

최근에 피터가 영국에 가서 촬영한 방송을 봤는데, 거기서 "정 떨어진다"라는 말을 쓰더라고요. 너무 웃겨서 한참을 웃었어요. 그러다 문득 궁금해졌는데, 이 표현을 영국에서도 쓰나요? 영국에서도 쓴다면 어떻게 말하나요?

put off

DIALOGUE 일상 대화로 표현 익히기

Jinyoung **I hate when people spit in public.**
사람들이 길에다 침 뱉는 거 진짜 싫어.

Peter **That is a huge put-off.**
완전 정 떨어지지.

Jinyoung **It's just so rude and spreads germs too.**
예의도 없을뿐더러 세균까지 퍼트리잖아.

Peter **The only time you should spit is when brushing your teeth.**
양치할 때 말고는 침 뱉을 일이 없지.

피터의 한마디

'정'이라는 개념은 영어로 설명하기가 참 어려워요. 그래서 "정 떨어진다"라는 표현도 직역하기는 힘들죠. 보통 영어로 정을 간단하게 설명할 땐 'emotional attachment'라는 표현을 많이 써요. 하지만 '정이 떨어지다'를 직역해서 "I lost my emotional attachment"라고 하면 굉장히 어색하게 들립니다. 어떤 사람의 매력 없는 모습이나 실망스러운 행동을 봤을 때 영어에서는 주로 'put off'라는 표현을 써요. 이건 동사로도 쓰이고 명사로도 쓰입니다. 동사로는 "That really put me off(나 진짜 정 떨어졌어)"처럼 쓸 수 있고, 명사로는 "Their actions were a huge put-off(그 사람의 행동은 완전 정 떨어지게 해)"처럼 쓸 수 있습니다. 즉, 'put off'는 누군가나 무언가를 보고 매력을 느끼지 못하거나 거부감이 생길 때 쓸 수 있는 아주 좋은 표현이에요.

TIP

'huge'는 꼭 필요하진 않지만 강조하려고 자주 붙여요. 예를 들어 "That was such a huge put-off"는 "정말 정 떨어지는 행동이었어"라는 의미죠.

문장 활용해보기

It's a huge put-off when someone smells bad.
누군가 냄새 날 때 진짜 정 떨어져.

Tell me what put you off me.
나한테 왜 정 떨어졌는지 말해줘.

직접 써보기

put off

LESSON **003**

지긋지긋해

저는 잔소리 듣는 걸 세상에서 제일 싫어해요. 근데 하필이면… 배우자가 잔소리쟁이예요. 그래서 정말 지긋지긋해요. 솔직히 말하면 영어 공부도 가끔은 지긋지긋할 때가 있어요. 그래도 이 표현 하나만큼은 꼭 배우고 싶어요. "지긋지긋해"를 영어로 어떻게 말하나요?

I've had it up to here!

 DIALOGUE 일상 대화로 표현 익히기

Jinyoung **Don't tell me what to do! I'm 12 years old!**
나한테 이래라저래라 하지 마! 나 이제 열두 살이야!

Peter **But you're still a child.
You need to listen to your dad.**
그래도 아직 어린아이지. 아빠 말을 들어야 해.

Jinyoung **I'll do my homework when I want.
I'm going out to the playground!**
숙제는 내가 하고 싶을 때 할 거야. 놀이터에 나갈래!

Peter **I've had it up to here!!
Get back here son!**
지긋지긋하네!! 이리 안 와, 아들!

 피터의 한마디

이 책을 오랫동안 쓰고 또 수정하다 보니 솔직히 저도 지긋지긋해요…라는 건 농담이고요! 사실 얼마나 신나는 일인가요? 저는 진심으로, '진영영'을 통해 영어 이야기를 나누는 게 너무 재밌어서 이 일을 하는 거예요. 돈 안 받아도 돼요! 물론 이것도 농담입니다. 그런데 이 '지긋지긋하다'라는 표현은 더 이상 참기 힘들거나 짜증 나고 피하고 싶은 상황을 말하잖아요? 영어에서는 이런 상황을 이렇게 표현해요. "I've had it up to here." 여기서 'I've had it'은 "나 더 이상 못 참아", "인내심 끝났어"라는 뜻이고요, 'up to here'가 붙으면 '여기까지 찼다', 즉 짜증과 스트레스가 한계치에 도달했다는 뜻이에요. 그런데 이 말이 지금 이 책 쓰는 과정을 묘사한 건 아닙니다! 아이 러브 유, 진심입니다.

TIP

이 말을 하면서 보통 손으로 이마나 머리 위를 짚어요. "여기까지 왔다고!!" 하는 느낌이죠. '지긋지긋하다', '짜증 난다', '나 진짜 못 참겠다' 같은 뉘앙스를 아주 잘 전달해주는 표현이에요.

문장 활용해보기

I've had it up to here with my boss. He's an idiot.
상사 때문에 지긋지긋해. 그는 완전 바보야.

This is your warning. I've had it up to here.
이번이 마지막 경고야. 이제 진짜 지긋지긋하다고.

직접 써보기

I've had it up to here!

LESSON **004**

가지가지 하네

누군가 자꾸 어이없는 짓을 반복하면 "아휴, 가지가지 하네" 하고 한숨 섞인 말이 절로 나오죠. 말 그대로 '별별 행동을 다 하네', '참 별꼴이다'라는 뜻인데, 살짝 비꼬는 톤으로 쓸 때가 많아요. 영국식 영어로도 비슷한 의미를 표현할 수 있을까요?

How pathetic!

 DIALOGUE 일상 대화로 표현 익히기

Jinyoung He forgot his keys again after drinking and climbed in through the window.
걔 또 술 마시고 열쇠를 놓고 와서 창문으로 기어 들어갔대.

Peter **How pathetic** for a fully grown adult!
다 큰 어른이 가지가지 하네!

Jinyoung Seriously, he does this every week.
진짜로, 매주 저래.

Peter I cannot believe he runs his own company.
걔가 자기 회사를 운영하고 있다는 게 믿기지 않아.

 피터의 한마디

"How pathetic!" 이 표현은 정말 한심하거나 딱할 때 탄식하듯 툭 내뱉는 말이에요. pathetic은 원래 '불쌍한', '안쓰러운'이라는 뜻도 있지만, 요즘은 '찌질하다', '한심하다'는 의미로 훨씬 자주 쓰입니다. 물론 듣는 사람 입장에선 기분이 확 상할 수 있죠. 앞에 how를 붙이면 감정이 확 살아나고 감탄의 느낌도 강해져요. 영국에서는 이 표현을 꽤 자주 쓰는데, 상황에 따라 sad나 lame(변변찮은) 같은 단어로 바꿔 말할 수도 있어요. 정말 어이없는 상황에서 짧고 강하게 한마디, "How pathetic!"을 필요할 때 쿨하게 날려보세요!

TIP

일상 대화에서 'loser(루저)'라는 말을 종종 들을 수 있어요. 보통은 계속해서 한심하게 실수를 반복하는 사람을 가리키죠. 하지만 이 단어는 진지하게 감정을 담아 말하면 굉장히 모욕적으로 들릴 수 있어요. 그래서 상황에 따라 신중하게 사용해야 해요.

문장 활용해보기

She blamed the dog for breaking the vase — how pathetic.
꽃병이 깨진 걸로 개 탓을 했다고? 진짜 가지가지 하네.

He lied just to avoid paying for lunch. Pathetic, really.
걔가 점심값 내기 싫다고 거짓말을 했어. 정말 가지가지 한다.

직접 써보기

How pathetic!

LESSON 005

아리송해

사무실에 좀 아리송한 동료가 한 명 있어서 제가 떠안게 되는 업무가 많아졌어요. 뭐, 이왕 이렇게 된 거 영어 표현 하나라도 배우면 좋겠죠? 저도 영어 앞에서는 늘 아리송한데요, 영국식 영어로는 어떻게 말하나요?

all over the place

DIALOGUE 일상 대화로 표현 익히기

Jinyoung **I don't think I like Michelle anymore.**
나 이제 미셸 안 좋아하는 것 같아.

Peter **But you said you were in love with her yesterday!**
어제는 걔한테 푹 빠졌다고 했으면서!

Jinyoung **I know. But my feelings keep on changing.**
나도 알아. 근데 감정이 계속 바뀌어.

Peter **You're all over the place. Make a decision.**
네 마음이 너무 아리송하네. 좀 결정해봐.

 **피터의 한마디**

처음에 '아리송해'라는 표현을 들었을 때는 되게 사랑스럽고 귀여운 말인 줄 알았어요. 그런데 알고 보니 혼란스럽고 정리가 안 된 상태를 뜻하더라고요. 영국식 영어에도 비슷한 표현이 있어요. 바로 'all over the place'입니다. 겉으로 보면 '여기저기 다'라는 뜻 같죠? 예를 들어 "Korea has coffee shops all over the place(한국에는 커피숍이 여기저기 다 있어요)"처럼 말할 수 있어요. 그런데 이 표현을 사람한테 쓰면 완전히 다른 뜻이 됩니다. 즉, 어떤 사람이 감정이나 생각이 정리되지 않은 상태, '이러지도 저러지도 못하는', 말 그대로 아리송한 상태라는 거죠.

TIP

주의할 점은 place 대신 something이 들어가면 의미가 완전히 달라진다는 거예요. "I'm all over something"은 어떤 일에 엄청난 관심이나 열정을 보이거나 그 일을 빠르게 적극적으로 해내는 모습을 뜻해요.

문장 활용해보기

I'm sorry, boss. I'm **all over the place** today.
I can't concentrate.
죄송해요, 팀장님. 오늘 정신이 아리송하네요. 집중이 안 돼요.

Why are you **all over the place**?
Did something happen in your personal life?
왜 이렇게 아리송해 보여? 개인적인 일이라도 있었어?

직접 써보기

all over the place

CHAPTER 1 감정의 표현

LESSON 006

좋다 말았네

뭔가 좋은 일이 일어날 것 같아서 잔뜩 기대했는데, 막판에 틀어져버리면 한국에선 "좋다 말았네~"라고 해요. 실망 반, 허무 반인 감정이 담긴 말인데요. 영국에도 이런 아쉬운 상황에서 쓰는 비슷한 표현이 있을까요?

dash someone's hopes

 DIALOGUE 일상 대화로 표현 익히기

Jinyoung **Did you hear back from the final job interview yet?**
최종 면접 결과 연락 받았어?

Peter **Yeah, they went with another candidate.**
응, 다른 지원자가 뽑혔대.

Jinyoung **Oh no, I'm sorry to hear that.**
아이고, 안타깝네.

Peter **Yeah, it really dashed my hopes.**
맞아, 좋다 말았네.

24

 **피터의 한마디**

당연히 있죠! 근데 처음에 'dash'라는 단어를 보고 "오! 그냥 직역하면 되겠다!" 하고 기대하셨다면 여러분도 "좋다 말았네~"입니다. 힌트를 주자면, 요즘은 잘 안 쓰긴 하지만 예전에 한국에서 이성한테 관심을 보일 때 '대시하다'라는 콩글리시 표현을 많이 썼죠? 이게 영어 단어 'dash'에서 온 걸로 알려져 있어요. 그런데! 'dash someone's hopes'에서의 dash는 완전히 다릅니다. 여기서 dash는 '짓이기다, 산산조각 내다', 즉 '희망을 박살 내다'라는 뜻이에요. 그래서 "It dashed my hopes"는 "기대가 완전히 무너졌어", "좋다 말았네…"라는 말로 자연스럽게 해석할 수 있어요. 조금 더 감정적으로는 "한순간에 다 틀어졌어" 같은 뉘앙스도 가능하죠.

TIP

원래 dash의 뜻은 '전속력으로 달려가다', 즉 '확 뛰어나가다'예요. 이성에게 마음을 전한다는 의미와 억지로 연결하자면 dashing이라는 형용사가 '매력적인', '멋진'이라는 뜻이어서 그 영향이 있었을지도 모르죠.

문장 활용해보기

How can you dash my hopes like that?
좋다 말았네, 어떻게 이렇게 기대를 무너뜨릴 수 있어?

The loss dashed the team's hopes of qualifying for the World Cup.
그 패배로 팀의 월드컵 본선 진출 희망이 꺾였지. 좋다 말았네.

직접 써보기

dash someone's hopes

CHAPTER 1 감정의 표현 **25**

LESSON 007

일희일비

기분이 하루는 좋았다가, 하루는 안 좋았다가… 이럴 때 한국어로는 보통 '일희일비한다'고 합니다. 특히 야구 팬들이라면 더 공감할 텐데요. 팀이 이기면 세상 다 가진 것처럼 기쁘다가, 다음 날 지면 온종일 우울해지고… 기분이 롤러코스터처럼 오르락내리락하는 그 느낌! 영어로는 어떻게 표현하나요?

You have mood swings.

DIALOGUE 일상 대화로 표현 익히기

Jinyoung **You seemed really happy yesterday.**
너 어제 정말 행복해 보이더라.

Peter **Yeah, but today I feel a bit down.**
응, 근데 오늘은 좀 우울해.

Jinyoung **Wow, talk about mood swings.**
와, 이게 바로 일희일비지.

Peter **I know… I feel like I'm happy one day, sad the next!**
그러니까… 하루는 행복하고, 다음 날은 슬프고 그래.

 **피터의 한마디**

저도 프리미어리그 경기 결과에 따라 기분이 업됐다가 금방 다운됐다가, 왔다 갔다 해요. 완전 일희일비 그 자체죠. 영어에서는 이런 기분 변화를 mood swings라고 해요. swing은 원래 '그네'라는 뜻도 있지만, 그네처럼 왔다 갔다 하는 움직임 자체를 뜻하기도 하거든요. 그래서 기분이 오르락내리락할 때 딱 어울리는 표현이에요. 예를 들어 누군가 감정 기복이 심할 때는 "You have mood swings", 즉 "너 기분이 오르락내리락하네"라고 말할 수 있어요.

TIP

추가로 함께 기억해두면 좋은 표현은 'in the mood for~'입니다. '~할 기분이다', 즉 "지금 뭐가 하고 싶은 기분이야"라는 뜻이에요. 예를 들어 "I'm in the mood for pizza"는 "지금 피자 먹고 싶은 기분이야"라는 의미죠.

문장 활용해보기

She has terrible mood swings when she's stressed.
그녀는 스트레스를 받으면 완전 일희일비해.

Your mood swings are worse than mine!
넌 나보다 일희일비가 더 심하잖아!

직접 써보기

You have mood swings.

LESSON 008

조마조마해

스포츠 경기를 볼 때마다 제 마음이 너무 조마조마해요. 특히 국가대표팀 시합일 경우엔 더 그래요. 왜냐하면 그 선수들이 흘린 피, 땀, 눈물을 생각하면 그만큼 간절해지고, 더 긴장되거든요. 그런데 피터, "조마조마해"는 영어로 어떻게 표현하죠?

It's nerve-racking.

 DIALOGUE 일상 대화로 표현 익히기

Jinyoung **Did your kids pass their exams?**
너희 애들 시험은 잘 봤어?

Peter **I am still waiting for the results.**
아직 결과를 기다리는 중이야.

Jinyoung **I can't imagine how you're feeling.**
지금 심정이 어떨지 상상이 안 가.

Peter **It's so nerve-racking!**
진짜 조마조마해!

피터의 한마디

조마조마한 상황에 놓이면 마음이 정말 불안하죠. 그런데 재미있는 건 영어 표현을 듣기만 해도 조마조마한 느낌이 든다는 거예요. 바로 이 표현인데요, "It's nerve-racking"입니다. 여기서 nerve는 '신경', rack은 '괴롭히다, 시달리게 하다'라는 뜻을 가지고 있어요. 그래서 nerve-racking은 신경을 괴롭히는, 즉 정신적으로 너무 긴장되고 불안한 상태를 말하죠. 예를 들어 아이들이 대회에 나가 있을 때 그걸 지켜보는 부모 마음이 얼마나 조마조마하겠어요. 그럴 때 딱 쓸 수 있는 표현입니다.

TIP

참고로 rack이라는 단어는 다른 표현에서도 자주 등장해요. 'rack my brain'은 기억이 안 나는 걸 애써 떠올리려고 머리를 쥐어짜는 상황에서 써요. 말 그대로 뇌를 괴롭히는 느낌, 기억해두면 좋습니다!

문장 활용해보기

It's nerve-racking watching us play in the final.
우리가 결승전에서 경기할 때 보니까 진짜 조마조마하더라.

Was it nerve-racking meeting your favourite singer?
좋아하는 가수랑 만났을 때 진짜 조마조마했지?

직접 써보기

It's nerve-racking.

CHAPTER 1 감정의 표현   **29**

LESSON 009

설상가상

안 좋은 일 하나만으로도 충분히 힘든데, 거기에 더 나쁜 일이 겹치면 '설상가상'이라고 합니다. 진짜 기운이 쫙 빠질 때 쓰는 말이죠. 이런 상황을 영국 사람들은 어떻게 표현하나요?

rub salt into the wound

DIALOGUE 일상 대화로 표현 익히기

Jinyoung **I'm feeling so sad about my breakup.**
이별하고 나니까 너무 우울해.

Peter **Oh no. My wife and I are happier than ever.**
이런… 난 아내랑 지금이 가장 행복한데.

Jinyoung **Don't rub salt into the wound.**
설상가상이니까 그런 말은 하지 마.

Peter **No, I'm giving you hope for the future.**
아니야, 너한테도 앞으로 희망이 있다는 얘기야.

피터의 한마디

당연히 이런 표현은 영국에도 있어요. 눈치 없이 남의 기분을 더 상하게 만드는 사람이나 이미 안 좋은 일이 생겼는데 더 나쁜 일까지 겹쳐버린 상황을 상상해보세요. 피부에 큰 상처가 났는데, 그 상처 안에 소금을 뿌린다면 어떨까요? 엄청나게 아프고 더 큰 고통이 되겠죠? 생각만 해도 끔찍하죠? 바로 그 상황을 영어로 표현하면 'rub salt into the wound'입니다. 이미 충분히 힘들고 우울한데, 친구가 괜히 놀리거나 더 상처 주는 말을 할 때 딱 쓰기 좋은 표현이에요.

TIP

사람의 행동을 보고 'salty'라고 하면 비속어 표현으로서, 정당한 이유 없이 괜히 짜증 나거나 화난 상태를 뜻해요.

문장 활용해보기

You're really rubbing salt into the wound by saying that.
그런 말까지 하다니, 설상가상이네.

I wasn't trying to rub salt into the wound, I promise.
결코 더 힘들게 하려던 건 아니야, 맹세할게.

직접 써보기

rub salt into the wound

LESSON 010

질색팔색하다

피터, 외국에 가면 냄새가 너무 강하거나 비주얼이 낯선 음식 앞에서 "으악, 저건 좀…" 하는 순간이 있지 않나요? 한국에서는 그럴 때 '질색팔색하다', 즉 보기만 해도 놀라고 거부감이 드는 반응을 보이곤 해요. 그렇다면 영국에서는 이런 상황을 어떻게 표현하나요?

to be grossed out

 DIALOGUE 일상 대화로 표현 익히기

Jinyoung **What is that guy selling over there?**
저 남자는 뭘 팔고 있는 거야?

Peter **Oh, he's selling a snack called beondaegi.**
아, 그는 번데기라는 간식을 팔고 있어.

Jinyoung **Sounds interesting. Let's get a cup!**
재밌겠다. 한 컵 사보자!

Peter **Don't be grossed out. It's insect larvae.**
질색팔색하지 마. 그거 곤충 유충이야.

피터의 한마디

영어에서는 질색팔색하는 상황에 정말 자주 쓰는 표현이 바로 to be grossed out입니다. 여기서 gross라는 단어 자체가 '역겹다, 혐오스럽다'라는 의미를 가지고 있어요. 그래서 우리가 흔히 "Ew, gross!(우웩, 징그러워!)"라고 말하는 것도 여기서 나온 거예요. 이걸 구동사 형태로 바꾸면 'to be grossed out', 한국어로는 '질색팔색하다' 혹은 '극혐이다'라는 뜻이 돼요. 예를 들어 "I'm grossed out by the smell of your fart"는 "네 방귀 냄새 때문에 진짜 질색팔색하겠어"라는 의미입니다. 이처럼 무언가에 대한 강한 거부감을 표현할 때 아주 유용하게 쓸 수 있는 표현입니다.

TIP

"Ew~" 이런 소리는 뭔가 질색팔색할 때 자주 쓰는 의성어예요. 한국말로는 "으악"처럼 표현할 수 있는데, 정확하게 옮기긴 좀 어렵죠.

문장 활용해보기

I was really grossed out by him picking his nose.
그 사람이 코 파는 거 보고 진짜 질색팔색했어.

What grossed you out most in that sickening show?
그 역겨운 쇼에서 너를 제일 질색팔색하게 만든 건 뭐였어?

직접 써보기

to be grossed out

LESSON 011

작심삼일

새해만 되면 누구나 새로운 다짐과 계획으로 마음이 분주해지죠. 운동 시작, 영어 공부, 아침형 인간 되기… 계획만 보면 완전 자기계발 챔피언인데, 문제는 작심삼일로 끝나버리는 경우가 대부분이라는 것! 그런데 이런 '작심삼일'의 상황을 영국인들도 겪나요? 그렇다면 영국식 표현은 뭔가요?

short-lived

 DIALOGUE 일상 대화로 표현 익히기

Jinyoung I've made my New Year's resolution.
나 새해 목표를 정했어.

Peter What is it this time? You made one last year too and didn't stick to it.
이번엔 뭔데? 작년에도 있었는데 안 지켰잖아.

Jinyoung I want to write a diary every day.
매일 일기를 써보려고 해!

Peter That will be **short-lived**!
이번에도 무조건 작심삼일이겠네.

Jinyoung No, this year will be different.
아니거든! 올해에는 달라질 거야.

 **피터의 한마디**

영국에서도 새해가 되면 신년 계획을 세우느라 분주합니다. 그리고 그 계획을 끝까지 지키지 못하는 경우도 한국처럼 흔하죠. 영국에는 '작심삼일'처럼 기간이 명시된 표현은 없지만, 이런 상황에 자주 쓰이는 말이 있습니다. 바로 'short-lived'라는 표현이에요. 직역하면 '짧게 산다'는 뜻이지만, 여기서는 '어떤 습관이나 결심이 오래가지 않고 금방 끝나버린다'는 의미로 사용됩니다. 예를 들어 "My New Year's resolution was short-lived"라고 하면 '내 새해 목표는 오래가지 못했다'는 자연스러운 표현이 되죠. 이해하기 쉽죠?

TIP

반대로 이번엔 다를 거라고 자신 있게 말하고 싶다면 "It will last long"이라고 표현할 수 있어요. "이번엔 오래갈 거야", "이번엔 쉽게 포기하지 않을 거야"라는 다짐의 뉘앙스를 담기에 딱 좋은 표현이죠.

문장 활용해보기

His love for me was short-lived.
그가 나에게 보여준 사랑은 작심삼일이었어.

Going to the gym every day was short-lived.
매일 헬스장에 가기로 한 결심은 작심삼일이었어.

직접 써보기

short-lived

LESSON 012

발걸음이 가벼워 보여

피터, 한국에서는 누군가 기분이 좋아 보일 때 "발걸음이 가벼워 보인다"라고 말하곤 해요. 말 그대로 신나 보이거나 좋은 일이 있어서 몸도 마음도 가벼운 상태를 비유적으로 표현하는 거죠. 그런데 영국에도 이런 뉘앙스를 담은 표현이 있을까요?

You have a spring in your step.

 DIALOGUE 일상 대화로 표현 익히기

Jinyoung **Why do you look so happy today?**
너 오늘 왜 이렇게 행복해 보여?

Peter **I don't know what you're talking about.**
네가 무슨 말 하는지 모르겠어.

Jinyoung **No, something is different.**
You have a spring in your step.
아니, 뭔가 달라. 발걸음이 가벼워 보여.

Peter **OK. Don't tell the other guys, but I got a pay rise.**
알겠어. 다른 사람들한테 얘기하진 말고, 나 월급이 올랐어.

Jinyoung **That's not fair.**
이건 불공평해.

피터의 한마디

'have a spring in your step'이라는 표현을 한번 직역해볼까요? 발걸음에 스프링(용수철)이 있다면 몸이 훨씬 더 가볍고 탄력 있어 보이겠죠? 그래서 이 표현은 기분이 좋거나 좋은 일이 생겼을 때, 또는 마음에 걱정이 없을 때 자주 쓰입니다. 여기서 spring은 침대 스프링도 계절인 봄도 아니고, '탄력'이나 '생기'를 뜻하는 단어예요. 그래도 외우기 쉽게 침대 스프링처럼 톡톡 튀는 느낌을 떠올리면 기억하는 데 도움이 될 거예요!

TIP

'light-footed'라는 표현도 있는데요, light(가볍다)와 footed(걸음걸이)가 결합된 말이에요. 하지만 이 표현은 단순히 기분이 좋아서 발걸음이 가볍다는 의미보다는 누군가가 빠르고 날렵하게 움직일 때 더 자주 사용됩니다.

문장 활용해보기

I have a spring in my step thanks to my promotion.
승진한 덕분에 발걸음이 가벼워졌어.

Why do you have such a spring in your step?
너 왜 이렇게 발걸음이 가벼워 보여?

직접 써보기

You have a spring in your step.

LESSON 013

싱숭생숭

피터, 가끔 일이 손에 안 잡히고 집중하기 어려울 때가 있어요. 머릿속은 복잡하고 마음은 괜히 들떠서 가만히 앉아 있기도 힘들고요. 한국에서는 이런 상태를 '싱숭생숭하다'라고 표현합니다. 이처럼 마음이 붕붕 떠 있는 상태를 영국식 영어로 어떻게 표현하나요?

I'm feeling restless.

 DIALOGUE 일상 대화로 표현 익히기

Jinyoung I don't know why, but I've been **feeling** really **restless** lately.
요즘 이유는 모르겠는데 계속 싱숭생숭해.

Peter Maybe you just need a holiday.
아마도 휴가가 필요한 거 아닐까?

Jinyoung That might be it. I haven't had one in ages.
그럴지도 몰라. 너무 오랫동안 휴가를 못 갔거든.

Peter How about we go on a trip this weekend?
이번 주말에 여행 어때?

피터의 한마디

제가 한국에 와서 '싱숭생숭'이라는 단어를 처음 들었을 때 사랑에 푹 빠진 러블리한 상태를 뜻하는 줄 알았어요. 소리 내서 말해보면 어감이 너무 귀엽고 사랑스러워서요! 그런데 알고 보니 이 말은 마음이 괜히 불안하고, 생각이 자꾸 다른 데로 흐르고, 집중도 잘 안 되는 그런 상태를 말하더라고요. 이럴 때 딱 맞는 영어 표현이 있습니다. 바로 restless예요. 'rest(쉼)' + 'less(없음)'가 결합된 단어로, 말 그대로 마음이 가만히 못 있고 편히 쉴 수 없는 상태를 뜻하죠. 싱숭생숭한 기분이 들면 제대로 쉬지도 못하잖아요? 그럴 때 "I feel restless"라고 하면 딱이에요!

TIP

영국식 영어에서 "Give it a rest"라는 표현은 "그만 좀 해!"라는 뜻으로 자주 쓰여요. 주로 계속되는 말, 잔소리, 불평 등에 지쳤을 때 그걸 멈추라는 의미로 쓰이죠.

문장 활용해보기

I'm feeling restless waiting for my girlfriend.
여자친구를 기다리느라 싱숭생숭합니다.

Are you tapping your foot because you're feeling restless?
지금 싱숭생숭해서 발을 두드리고 있는 거야?

직접 써보기

I'm feeling restless.

LESSON 014

중꺾마, 중요한 건 꺾이지 않는 마음

2022년 카타르 월드컵 당시 유행했던 '중꺾마'라는 표현이 정말 인상 깊었어요. 그래서 문득 생각난 게, 영국도 축구를 정말 파이팅 넘치게 하잖아요. 그런 끈질긴 마음을 영국 사람들도 100퍼센트 공감할 것 같았어요. 혹시 영국에도 비슷한 표현이 있을까요?

Their never-say-die attitude was key.

DIALOGUE 일상 대화로 표현 익히기

Jinyoung **I can't believe Korea beat Brazil last night.**
어젯밤 한국이 브라질을 이기다니, 믿을 수 없어.

Peter **It was an unbelievable last minute goal.**
마지막 순간에 나온 골이 정말 믿기 어려웠지.

Jinyoung **The whole team gave everything until the very end.**
선수들 전부 끝까지 모든 걸 쏟아부었어.

Pete **Their never-say-die attitude was key.**
중요한 건 꺾이지 않는 마음이었어.

피터의 한마디

당연히 영국에도 이런 표현이 있죠. 원래 영국 축구는 기술이나 전술보다 파이팅 정신으로 유명하잖아요. 그래서 어릴 때부터 이런 끈질긴 마음가짐을 아이들에게 많이 심어줘요. 바로 'never-say-die attitude'입니다. 이걸 직역하면 '죽는다'는 말조차 하지 않는 태도라는 뜻인데요. 여기서 '죽는다'는 건 곧 '지는 것', 즉 패배를 의미하고, '태도(attitude)'는 단순한 '마음' 그 이상으로, 정신력과 자세를 뜻해요. 원래 영국에선 축구가 인생이고, 경기는 전쟁처럼 여겨지잖아요. 그러니 지면 마치 죽는 기분이 드는 거고, 그래서 아예 '죽는다'는 말조차 꺼내지 않는 태도를 이상적으로 여기는 거죠.

TIP

물론 "Never give up(절대 포기하지 마)" 같은 표현도 널리 쓰이지만, never-say-die-attitude는 그보다 더 강하게 와닿는 말입니다.

문장 활용해보기

More important than skill is a never-say-die attitude.
기술보다 더 중요한 건 꺾이지 않는 마음이야.

Where is your never-say-die attitude?! Don't give up now!
꺾이지 않는 마음은 어디 갔어?! 아직 포기하지 마!

직접 써보기

Their never-say-die attitude was key.

LESSON 015

학을 떼다

피터, 혹시 "학을 떼다"라는 표현 들어보신 적 있나요? 한국에서는 너무 황당하거나 지치고 화가 나서 더는 못 참을 것 같은 상황에서 이 말을 자주 써요. 상대에게 직접 말하진 않더라도 속으로 분노와 피로가 차오를 때 튀어나오는 표현이에요. 영국에도 이런 감정을 나타내는 표현이 있을까요?

It takes the biscuit.

 DIALOGUE 일상 대화로 표현 익히기

Jinyoung **Can you believe Sarah is late again?**
세라가 또 지각했다니까, 믿어져?

Peter **Seriously? This is the third time this week.**
진짜로? 이번 주만 벌써 세 번째야.

Jinyoung **I know, she really takes the biscuit.**
세라 때문에 학을 떼겠어.

Peter **We should tell the boss.**
아무래도 사장님한테 말하는 게 좋겠어.

피터의 한마디

이 한국 표현도 정말 어려웠어요. 그런데 다음 상황을 들으니까 바로 영국식 표현이 떠오르더라고요. 예를 들어 식당을 운영하는 친구가 오픈 기념으로 일주일 동안 달걀말이를 무료로 제공했는데, 그 이후에 어떤 아저씨가 왜 더 이상 안 주냐며 계속 불만을 토로했어요. 결국 그 친구는 진짜 학을 뗐죠. 너무 황당하고 짜증 나는 상황이죠. 바로 이런 경우에 "It takes the biscuit!"이라고 하면 딱입니다. 지금까지 있었던 일 중 가장 어이없거나 최악인 상황이나 행동에 쓰는 표현이죠. 여기서 잠깐! 한국에서 '비스킷' 하면 약간 스콘 같은 걸 떠올리잖아요? 특히 KFC 같은 데서 파는 거요. 그건 미국식 biscuit이고요, 영국에서는 biscuit이 쿠키를 포함한 과자류 전체를 말해요.

TIP

재미있는 점은, 미국에서는 이런 '황당함'을 표현할 때 비스킷 대신 "It takes the cake"라고 한다는 거예요. 음식 스케일이 남다른 거죠!

문장 활용해보기

His behaviour today really takes the biscuit.
오늘 그의 행동은 진짜 학을 떼게 하더라.

Swearing to a customer? That takes the biscuit.
손님한테 욕을 했다고? 그건 학을 뗄 만하네.

직접 써보기

It takes the biscuit.

LESSON 016

듣는 둥 마는 둥

피터! 한국에선 누군가 말을 대충 듣고 흘려보내는 것 같을 때 '듣는 둥 마는 둥'이라는 표현을 써요. 귀로는 듣고 있지만 마음은 딴 데 있는 느낌이랄까요? 이런 상황을 영국에서는 어떻게 표현하나요?

You're listening half-heartedly!

 DIALOGUE 일상 대화로 표현 익히기

Jinyoung **Pardon? Sorry I didn't catch that.**
뭐라고? 잘 못 들어서 미안해.

Peter **I said that I'm moving back to London this May.**
이번 5월에 런던으로 다시 돌아간다고 했어.

Jinyoung **Sorry. One more time. I just got an important text.**
미안. 한 번만 더 말해줘. 방금 중요한 문자를 받았어.

Peter **You're listening half-heartedly! I'm not repeating myself again.**
듣는 둥 마는 둥 하고 있잖아! 반복해서 얘기 안 해줄 거야.

44

피터의 한마디

이럴 때 진짜 짜증 나죠. 영어에도 비슷한 표현이 있는데, 한국어처럼 "반만 듣고 반은 안 듣는다"의 뉘앙스는 아니에요. "You're listening half-heartedly!", 직역하면 "넌 반쪽 마음으로 듣고 있어"라는 뜻입니다. 여기서 heart는 '심장'이자 '마음'이라는 의미도 있어서 half-heartedly는 '마음이 덜 담긴', 즉 '성의 없이', '건성으로'라는 느낌이에요. 이 표현은 듣는 것뿐 아니라 다양한 상황에도 쓸 수 있어요. 예를 들어 "You're playing football half-heartedly"라고 하면 "넌 축구를 성의 없이 하고 있어"라는 뜻이죠.

TIP

반대로, 마음을 다해 한다는 표현은 'whole-heartedly'입니다. 진심으로, 성의껏 무언가에 임할 때 쓰는 말이죠.

문장 활용해보기

I'm sorry. I was listening half-heartedly.
미안해. 듣는 둥 마는 둥 했어.

I can't believe it! You're still listening half-heartedly.
말도 안 돼! 아직도 듣는 둥 마는 둥이야?

직접 써보기

You're listening half-heartedly!

LESSON 017

온몸이 쑤신다

40대 아저씨인데요. 피터처럼 축구를 너무 좋아해서 아직까지 공을 차고 있어요. 근데 이제 나이가 들어서 그런지 축구를 한 번 하고 나면 일주일 내내 온몸이 쑤셔요. 이럴 때 영국식 영어로는 어떻게 표현할 수 있을까요?

I'm aching all over.

 DIALOGUE 일상 대화로 표현 익히기

Jinyoung **Why are you walking like that?**
왜 그렇게 걷는 거야?

Peter **I played football last night.**
어젯밤에 축구했거든.

Jinyoung **I thought you were fit!**
너 몸 엄청 좋은 줄 알았는데!

Peter **I'm aching all over. I'm in my forties!**
온몸이 쑤시는걸. 나도 이제 40대야!

피터의 한마디

저도 이제 마흔이 되니까 회복이 정말 느려졌어요. 그래도 할아버지가 될 때까지 같이 축구해요. 운동하고 난 다음 날은 정말이지 온몸이 쑤시죠. 이럴 때 쓸 수 있는 아주 간단한 영어 표현이 있어요. "I'm aching all over." 여기서 all over는 'my whole body'처럼 '온몸'을 뜻하지만, 더 자연스럽고 구어체적인 느낌을 줘요. 즉, 몸 여기저기 다 쑤신다는 의미죠. ache라는 단어는 아마 headache(두통)로 많이 들어보셨을 거예요. 이 단어는 '쑤시다', '아프다'는 뜻으로 명사뿐만 아니라 동사로도 쓸 수 있어요. 가령 몸이 쑤시면 "I'm aching", 허리가 쑤시면 "My back is aching"이라고 하면 됩니다.

TIP

"It's all over"라는 표현도 들어보셨죠? '모든 것이 끝났다', '이제 끝이 났다'는 의미로, 특히 축구 경기에서 90분쯤 되었을 때 자주 쓰이는 표현이에요.

문장 활용해보기

Oh my goodness. I'm aching all over this morning.
세상에, 오늘 아침에 온몸이 쑤셔서 죽을 뻔했네.

You'll be aching all over if you play tennis again today.
오늘 또 테니스 치면 온몸이 쑤실걸.

직접 써보기

I'm aching all over.

LESSON 018

밥맛이 꿀맛이야

피터, 한국 음식 맛있죠? 진짜 맛있는 음식을 먹으면 한국인들은 "밥맛이 꿀맛이야~!"라고 말해요. 근데 문득 궁금해졌어요. 영국은 '음식이 맛없다'는 이미지로 유명하잖아요? 그렇다면 영국에서는 정말 맛있는 음식을 어떻게 표현하나요?

fit for a king

 DIALOGUE 일상 대화로 표현 익히기

Jinyoung **This is a spicy tomato pasta and that is a ham and mushroom pizza.**
이건 매운 토마토 파스타고, 저건 햄이랑 버섯 피자야.

Peter **It all looks so delicious.**
전부 다 정말 맛있어 보여.

Jinyoung **Better than English food right?! Oh, and we have ice cream and cake for dessert.**
영국 음식보다 낫지?! 아, 그리고 디저트로는 아이스크림이랑 케이크도 있어.

Peter **Wow. This is a feast fit for a king.**
와, 진짜 밥맛이 꿀맛이네.

피터의 한마디

에이, 무슨 말씀이세요?! 영국에도 맛있는 음식이 정말 많아요! 물론… 대부분 영국 음식 말고 다른 나라 음식이긴 합니다만, 그게 뭐 어때서요? 맛있으면 된 거죠~ 자, 그래서 오늘 소개해드릴 표현은 바로 이겁니다. 'fit for a king', 직역하면 '왕에게도 어울릴 정도로 좋은'이라는 뜻이에요. 즉, 왕이 먹어도 될 만큼 훌륭하고 풍성한 음식, 우리 식으로 말하자면 "밥맛이 꿀맛이야" 같은 느낌이죠! 한국어에서는 뭔가 좋을 때 '꿀'을 많이 붙이잖아요? 꿀맛, 꿀잠, 꿀조합 등등. 그렇다고 영어로 "This is honey flavor!" 이런 식으로 말하면… 정말 어색해요! 그런 표현은 실제로 잘 안 써요. 대신 "This food is fit for a king"이라고 말해보세요. 음식이 맛있을 뿐만 아니라 양도 넉넉하고 분위기도 괜찮을 때 자주 쓰는 표현이랍니다.

TIP

feast는 원래 연회나 잔치를 뜻하는 단어예요. 하지만 요즘은 음식이 푸짐하게 차려졌을 때 친구들끼리도 자주 쓰는 표현이에요.

문장 활용해보기

You shouldn't have cooked so much! This is fit for a king.
이렇게까지 많이 요리할 필요는 없었는데! 밥맛이 꿀맛이야.

A meal fit for a king! Enjoy the gold flake pasta.
밥맛이 꿀맛인 식사네! 금가루 파스타, 마음껏 즐겨주길.

직접 써보기

fit for a king

LESSON 019

억울해

제가 집에서 제일 기가 약한 편이라서 억울한 상황을 많이 겪어요. 뭐 잘못한 것도 없는데 괜히 혼나고, 억울해도 말 한마디 제대로 못 하고 끝날 때마다 이 감정을 어떻게 영어로 말하면 좋을지 궁금해져요. 영국식 영어로는 어떻게 표현하나요?

I feel hard done by!

 DIALOGUE 일상 대화로 표현 익히기

Jinyoung **What is wrong with you this morning?**
오늘 아침 상태가 왜 이렇게 별로야?

Peter **My wife banned me from staying out late!**
아내가 이제 밤늦게까지 밖에 있지 말래!

Jinyoung **Because you went home at 3am yesterday?**
어제 새벽 3시에 들어가서 그런 거 아니야?

Peter **Yeah. I feel hard done by.**
맞아. 나 너무 억울해.

Jinyoung **You have an understanding wife.**
그래도 네 아내는 이해심이 많은 편이야.

피터의 한마디

아이고, '억울하다'는 감정만큼 싫은 것도 없죠. 근데 이 감정을 영어로 자연스럽게 표현하는 게 생각보다 쉬운 일은 아니에요. 아마 할 줄 아는 한국분이라면 지금도 억울하겠지만요. 조금 난도가 있긴 한데, 영국에서는 꽤 자주 쓰는 표현을 소개해드립니다. "I feel hard done by." 먼저 'I feel'은 '나는 이렇게 느껴'라는 뜻이고요, 핵심은 바로 'hard done by'입니다. 여기서 'hard'는 말 그대로 '강하게, 세게, 거칠게'라는 뜻인데, 감정적으로 쓰이면 '너무 심하게 당했다'는 느낌을 줄 수 있어요. 그래서 "I feel hard done by"는 "나 진짜 억울해"라는 뜻이 돼요. 표준 표현으로는 "I feel treated unfairly"라고도 말할 수 있죠.

TIP

'hard done by'라는 표현은 고전 영어에서 유래한 말이에요. 과거에는 'do someone right' 또는 'do someone wrong'처럼 누군가에게 잘하거나 못하다는 식의 표현이 자주 쓰였고, 'hard done by'도 그런 맥락에서 발전한 표현이에요.

문장 활용해보기

You shouldn't feel hard done by. You were the one who had an affair.
넌 억울해할 입장이 아니야. 바람피운 건 너잖아.

**I feel so hard done by.
I did all the work and got no credit for it!**
나 너무 억울해. 일은 내가 다 했는데 인정은 하나도 못 받았어!

직접 써보기

I feel hard done by!

LESSON 020

알딸딸해

"I'm drunk"라는 표현은 잘 알아요. 취했다는 말이죠. 그런데 '알딸딸하다'는 느낌을 영어로 어떻게 표현하는지는 잘 모르겠더라고요. 물론 술이 조금 들어가면 영어가 더 잘 나오는 건 맞지만, 아직 그 정도는 아니라서요. 피터, 영국에서는 이 상태를 어떻게 표현하나요?

I'm feeling tipsy.

DIALOGUE 일상 대화로 표현 익히기

Jinyoung **Are you sure you'll be OK getting home by yourself?**
혼자 집에 갈 수 있겠어? 정말 괜찮은 거 맞아?

Peter **I'm just feeling a little tipsy. That's all.**
그냥 좀 알딸딸할 뿐이야. 그게 다야.

Jinyoung **You've fallen over three times in two minutes.**
2분 만에 세 번 넘어진 건 알지?

Peter **The floor is slippery!**
바닥이 미끄러운 거야!

 **피터의 한마디**

많은 사람들이 술을 마시는 이유 중 하나가 바로 알딸딸한 그 느낌 때문이죠. 저도 딱 그 정도 상태가 좋아서 술을 많이는 안 마셔요. 이 느낌을 영어로 표현할 때 쓰는 단어가 바로 tipsy예요. tip은 '팁'처럼 추가로 주는 돈, 쓰레기장을 뜻하기도 하고 무언가를 기울이거나 넘어뜨릴 때도 쓰여요. 술을 마시면 사람이 중심을 잡기 어려워지고 비틀비틀거리다 넘어지기 쉬우니까 그걸 떠올리게 하는 말이 tipsy가 아닐까 싶어요.

TIP

영국식 영어에는 취했다는 의미를 나타내는 표현이 정말 많아요. tipsy보다 더 센 정도를 나타내는 단어도 엄청나게 많은데 적게는 50개, 많게는 100개 이상 된다고 해요. slashed, sloshed, gassed, bladdered, plastered, slaughtered, smashed, buzzing 등 거의 어떤 단어든 형용사처럼 써서 '취했다'는 느낌을 줄 수 있습니다.

문장 활용해보기

**Oh dear. I'm feeling a little bit tipsy.
Can someone help me up from this sofa?**
아이고, 나 좀 알딸딸한 거 같아. 소파에서 일어나는 거 좀 도와줄 사람 있어?

**Aren't you feeling tipsy?
You've had more beer than usual.**
너도 알딸딸하지 않아? 평소보다 맥주 더 마셨잖아.

직접 써보기

I'm feeling tipsy.

LESSON 021

귀에 쏙쏙 들어온다

진영영을 듣다 보니 영어가 귀에 쏙쏙 들어와요. 이런 영어 학습 방식이 제일 좋은 것 같아요. 그런데 피터, "귀에 쏙쏙 들어온다"는 표현을 그대로 영국식 영어로 옮길 수도 있을까요?

It's easy to understand.

 DIALOGUE 일상 대화로 표현 익히기

Jinyoung **Peter from Real British English?**
〈진짜 영국식 영어〉의 피터 맞으세요?

Peter **Yes, that's me.**
네, 접니다.

Jinyoung **Oh my goodness! Your lessons are so easy to understand.**
어머 세상에! 선생님 강의는 정말 귀에 쏙쏙 들어와요.

Peter **Yeongcheol is a great partner to make everything simple.**
영철 덕분이에요. 그는 뭐든 쉽게 풀어주는 최고의 파트너죠.

 **피터의 한마디**

"귀에 쏙쏙 들어온다"는 표현이나 제가 진행하는 영어 라디오 프로그램 〈귀가 트이는 영어〉처럼 '귀(ear)'가 들어간 표현은 영어에는 거의 없어요. 그래서 이걸 직역해서 "It's going right into my ears"라고 하면 정말 어색하게 들립니다. 마치 실제로 소리나 액체가 귀 안으로 들어가는 상황처럼 느껴지거든요. 그래서 이런 표현은 쉽고 자연스럽게 접근해야 해요. "귀에 쏙쏙 들어온다"는 결국 '이해가 잘된다', '알아듣기 쉽다'는 뜻이잖아요? 그럴 땐 그냥 "It's easy to understand"라고 하면 됩니다. 예를 들어 "피터쌤 덕분에 귀에 쏙쏙 들어와요"라는 말을 하고 싶다면 "Peter makes it easy to understand"라고 말하는 게 훨씬 자연스럽고 넓은 의미로도 쓸 수 있어서 좋아요.

TIP

무언가가 아주 쉬울 때 그걸 좀 장난스럽게 강조하고 싶다면 "easy peasy"라는 표현을 쓰면 돼요. 아이들 말처럼 들릴 수도 있지만, 일상 대화에서는 가볍고 유쾌하게 '식은 죽 먹기'라는 의미로 자주 사용돼요.

문장 활용해보기

Thanks to your clear explanations it's easy to understand.
선생님의 명확한 설명 덕분에 귀에 쏙쏙 들어와요.

Peter makes it so easy to understand.
피터 덕분에 귀에 쏙쏙 들어와요.

직접 써보기

It's easy to understand.

LESSON 022

두 손 두 발 다 들었다

최근에 동생을 만났는데 15년 전에 제가 사준 셔츠를 입고 있더라고요. 저 정말 동생에게 두 손 두 발 다 들었잖아요. 그래서 말인데 피터, "두 손 두 발 다 들었다"라는 표현은 영국식 영어로 어떻게 말하나요?

I was flabbergasted!

 DIALOGUE 일상 대화로 표현 익히기

Jinyoung **What a win for Korea last night!**
어젯밤 한국 진짜 대박이었지!

Peter **I know. That last minute goal was amazing.**
맞아. 마지막 순간의 골은 정말 놀라웠어.

Jinyoung **I was flabbergasted. 0-3 down and they won 4-3.**
두 손 두 발 다 들었잖아. 0 대 3으로 지고 있다가 4 대 3으로 이기다니.

Peter **Never underestimate the Red Devils!**
붉은 악마를 절대 얕보지 마!

 **피터의 한마디**

"두 손 두 발 다 들었다"는 표현은 가만히 생각해보면 아기들이 자주 하는 모습에서 유래된 것 같지 않아요? 등을 대고 누워서 두 손 두 발 다 들고 있는 모습이 너무 귀엽잖아요. 그런데 이걸 영어로 "I hold my hands up"이라고 하면 의미가 좀 달라요. 이 표현은 "그래, 인정해. 내가 잘못했어" 같은 식으로 책임을 인정하거나 사과할 때 쓰는 말이에요. 반면 한국에서는 놀랍거나 어이없을 때, 혹은 믿기 어려운 상황에서 "나 진짜 두 손 두 발 다 들었어"라고 해요. 이럴 때 영어로는 보통 재밌고 강한 감탄 표현을 쓰죠. 대표적인 게 바로 "I'm flabbergasted"입니다. 이 단어 자체가 좀 낯설 수 있는데요, 원어민들도 이 단어를 재밌어해요. 발음도 독특하고 약간 아이들이 만든 말 같은 느낌이 있어서요. 뜻은 너무 놀라서 말이 안 나오는 상태, 그러니까 "어머머머… 말도 안 돼!" 혹은 "헉, 뭐라고요!?" 같은 느낌이죠.

TIP

참고로 flab은 축 늘어진 살, 뱃살 같은 걸 의미해요. 예를 들어 "My belly is flabby"라고 하면 '난 뱃살이 많아'라는 뜻입니다.

문장 활용해보기

I was flabbergasted by the news he quit as CEO.
그가 CEO 자리에서 물러났다는 소식을 듣고 두 손 두 발 다 들었어.

Have you ever been flabbergasted by a film?
영화 보고 두 손 두 발 다 들었던 적 있어?

직접 써보기

I was flabbergasted!

LESSON 023

허전해

최근에 친구랑 닭갈비를 먹으러 갔는데 친구가 배불러서 볶음밥까지는 무리라고 하더라고요. 그래서 그냥 닭갈비만 먹고 나왔어요. 그런데 집에 가는 길에 너무 허전한 거예요. 결국 편의점에 들러서 컵라면을 하나 사 먹었죠. 그리고 지금 생각해보면 '허전하다'를 영어로 어떻게 표현해야 할지 모르는 것도 허전해요! 알려주세요~!

Something's missing.

 DIALOGUE 일상 대화로 표현 익히기

Jinyoung **Those cold noodles were delicious.**
저 시원한 국수 진짜 맛있었어.

Peter **They're called naengmyeon.
But don't you still feel a little hungry?**
그건 냉면이라고 해. 근데 아직도 좀 배고프지 않아?

Jinyoung **Yeah. Something's missing.
Maybe some meat?**
응, 허전해. 고기가 당기는 걸까.

Peter **Let's grab a hot dog!**
핫도그 먹으러 가자!

피터의 한마디

우리가 말하는 "허전하다"는 모든 게 비어 있는 상태라기보다는 뭔가 한 부분이 빠져 있는, 약간 부족한 느낌이잖아요? 그럴 때 제가 추천하는 표현은 바로 "Something's missing"입니다. 이 말은 정말 다양한 상황에서 쓸 수 있는 표현이에요. 예를 들어 요리할 때 "뭔가 하나 빠진 것 같아. 이거 조금 허전한데?" 싶으면 "Something's missing", 연애 상황에서도 두 사람이 서로 잘 어울리는 것 같지만 뭔가 감정적으로 끌리는 포인트가 부족할 때 "Something's missing"이라고 합니다. 이처럼 "Something's missing"은 단순히 무언가가 없다는 의미를 넘어서 감정적 허전함이나 미묘한 아쉬움까지 담을 수 있는 아주 유용한 표현이에요.

TIP

뭔가 허전할 때 영어로는 보통 empty라는 단어를 떠올릴 수 있어요. 물론 empty도 맞는 표현이지만, 이건 말 그대로 완전히 텅 빈 느낌이 들 때 자주 써요.

문장 활용해보기

I don't know what it is but something's missing from this pie.
이유는 잘 모르겠지만, 이 파이 뭔가 허전해.

The film is quite good but there's just something missing.
꽤 좋은 영화이긴 한데, 어딘가 좀 허전해.

직접 써보기

Something's missing.

LESSON 024

뭘 이런 걸 다

누군가 나를 위해 선물이나 파티를 준비해줬을 때, 순간 마음이 벅차오르면서도 말은 이렇게 하게 되죠. "어머, 뭘 이런 걸 다…!" 고맙지만 괜히 미안하고, 기쁘지만 왠지 부담스럽기도 한 미묘한 감정을 담아 겸손하게 고마움을 표현하는 말이죠. 이런 상황에서 영국식 영어로는 어떻게 말하면 좋을까요?

Oh, you really shouldn't have.

DIALOGUE 일상 대화로 표현 익히기

Jinyoung **Here's a little something I got for you!**
너 주려고 작은 선물을 준비했어!

Peter **Oh, you really shouldn't have.**
어머, 뭘 이런 걸 다.

Jinyoung **It's nothing big. Just a small gift.**
별거 아니야. 그냥 소소한 선물인걸.

Peter **Still, thank you so much!**
그래도 정말 고마워!

피터의 한마디

누군가 선물이나 파티를 준비해줬을 때 진심 반, 연기 반(?)으로 겸손하게 하는 말! 바로 "Oh, you really shouldn't have"입니다. 직역하면 "이러지 않아도 되는데"라는 뜻이죠. 완전한 문장으로는 "You shouldn't have done that"이라고 할 수도 있지만, 일상 대화에서는 짧고 자연스럽게 "Oh, you really shouldn't have"라고 말하는 게 더 흔하고 세련된 표현이에요. 여기서 done that은 굳이 생략해도 맥락상 다 통합니다! 영국에서는 이런 식으로 상대의 호의를 고맙게 받아들이면서도 겸손하게 반응하는 것을 아주 중요한 예의로 여겨요. 상대방의 정성을 존중하되 부담은 주지 않으려는 마음이 담긴 표현이죠. 특히 선물이나 깜짝 이벤트에 대한 예의 바른 리액션으로 자주 쓰이니, 꼭 기억해두세요. "Oh, you really shouldn't have."

TIP

정말로 거절하고 싶을 때는 "I can't accept that"이라고 단호하게 표현하면 됩니다.

문장 활용해보기

Oh, you really shouldn't have. This is too much!
어머, 뭘 이런 걸 다. 너무 과분하게 준비했잖아!

Thank you for the surprise party. You really shouldn't have!
깜짝 파티 열어줘서 고마워. 뭘 이런 걸 다!

직접 써보기

Oh, you really shouldn't have.

LESSON 025

티가 나나 봐

누군가 감정을 애써 숨기려고 해도 표정, 말투, 눈빛에서 이미 다 들켜버릴 때 한국어로는 보통 이렇게 말하죠. "티가 나잖아~" 예를 들어 친구가 "나 진짜 걔 안 좋아해!"라고 부정하면서도 계속 그 사람만 힐끔힐끔 쳐다보고 있다면? 속마음이 안 보일 수가 없죠! 그럴 때 영국식 영어로는 어떻게 표현하나요?

You can see it a mile away.

DIALOGUE 일상 대화로 표현 익히기

Jinyoung **Do you think she likes him?**
그녀가 그를 좋아하는 것 같지 않아?

Peter **Of course. You can see it a mile away.**
당연하지. 누가 봐도 티가 나잖아.

Jinyoung **That obvious, huh?**
그 정도로 티 나?

Peter **I mean, the way she looks at him? Come on.**
그녀가 그를 쳐다보는 눈빛을 보면 말 다 했지.

피터의 한마디

솔직히 말하면 저는 누가 속마음을 숨기려고 해도 표정만 보면 다 읽어내는 타입이에요. 영국에서는 이런 상황에서 "You can see it a mile away"라는 표현을 씁니다. 말 그대로 '1마일 (약 1.6km) 밖에서도 보인다'는 뜻이지만 실제로 거리를 재는 건 아니고요, "너무 뻔하게 티가 난다, 눈에 확 띈다"는 의미예요. 가끔 농담처럼 "A kilometre away?" 하고 바꿔 말하기도 하지만, 그건 그냥 웃자고 하는 말일 뿐 실제로는 거의 안 써요. 감정이나 속마음, 의도가 너무 분명하게 드러날 때 이 표현 하나면 말 다 한 거죠! "You can see it a mile away."

TIP

비슷한 표현으로 'a mile off'도 있지만, 회화에서는 'a mile away' 쪽이 훨씬 자연스럽고 자주 쓰입니다.

문장 활용해보기

Their chemistry? You can see it a mile away.
그 둘의 케미는 누가 봐도 티가 나.

He said he wasn't upset, but you could see it a mile away.
그는 기분이 안 나빴다고 말했지만, 누가 봐도 티가 나잖아.

직접 써보기

You can see it a mile away.

영국 이모저모 1

축구 Football

축구는 영국 문화에 깊이 뿌리내리고 있으며, 많은 영국인들의 일상과 사회 구조 속에 깊숙이 자리하고 있습니다. 현대 축구의 발상지인 영국에서 이 스포츠는 단순한 오락을 넘어, 어떤 이들에게는 거의 종교처럼 여겨지기도 하죠.

리버풀의 전설적인 감독 빌 샹클리Bill Shankly의 유명한 말이 이를 잘 요약합니다. "Some people think football is a matter of life and death. I assure you, it's much more serious than that(일부 사람들은 축구가 생사의 문제라고 생각합니다. 하지만 제가 장담하건대, 그보다 훨씬 더 심각한 문제입니다)."

현대 축구의 기원은 19세기 영국으로 거슬러 올라갑니다. 1863년, 세계 최초로 축구 규칙을 정립한 축구 협회Football Association가 설립되었고 지금도 흔히 'The FA'라는 약칭으로 불립니다. 이후 다른 나라의 협회들은 KFA(대한축구협회)처럼 국가명을 앞에 붙여 구분합니다.

축구는 오늘날 대중과 노동계급의 스포츠로 여겨지지만, 사실 그 시작은 상류층의 여가 활동이었습니다. 현재도 영국에서 크리켓과 럭비는 여전히 중상류층 중심의 스포츠로 인식되지만, 축구만큼은 모두를 위한 스포츠로 자리매김했습니다.

영국 축구 문화의 상징 중 하나는 바로 클럽 간의 강렬한 라이벌 관계입니다. 대표적인 예로는 '맨체스터 유나이티드 vs 리버풀', '아스널 vs 토트넘', '셀틱 vs 레인저스' 등이 있죠. 이들 클럽은 단순한 스포츠 팀을 넘어 문화적, 역사적, 사회적으로 깊은 의미를 지닌 공동체 그 자체입니다.

경기 날이면 도시와 마을이 들썩이고, 팬들은 세대를 이어온 클럽 찬가를 부르며 팀의 색깔을 입고 거리를 메웁니다. 경기장은 단순한 스포츠 공간이 아니라 지역 공동체가 하나 되는 축제의 장입니다.

국제적으로도 영국 축구는 막대한 영향력을 지닙니다. 특히 잉글랜드 프리미어리그Premier League는 세계에서 가장 경쟁력 있고 인기 있는 리그 중 하나로, 해외 중계권 수익이 전 세계에서 가장 많습니다. 세계에서 가장 부유한 리그를 보유하고 축구라는 종목을 창조했음에도 불구하고, 잉글랜드 대표팀은 1966년 단 한 차례만 월드컵에서 우승했으며, 유로 대회에서는 아직 한 번도 정상에 오르지 못했습니다.

그럼에도 불구하고, 영국 팬들은 늘 이렇게 외칩니다. "It's coming home!(트로피가 집으로 돌아오고 있다!)"

오늘의 문장

"Get in!!!" (됐다!!!)

골이 들어갔을 때의 기쁨과 짜릿함을 담은 감탄사로, 한국어의 "아싸!" 또는 "들어갔다!!!"에 해당합니다. 직역하면 "들어가!"이지만, 실제로는 "해냈다!"에 가까운 의미죠.

CHAPTER 2

관계의 표현
Relationship

LESSON 026

친구 따라 강남 간다

어릴 때는 친구의 영향력이 정말 크죠. 친구가 뭘 하면 나도 괜히 따라 해보고 싶고, 같은 걸 갖고 싶고, 같은 데에 가고 싶어져요. 그래서 한국어엔 "친구 따라 강남 간다"라는 재밌는 표현이 있는데, 영국에서도 비슷하게 "친구 따라 런던 간다" 같은 말이 있을까요?

to jump off a cliff because your friend jumped

 DIALOGUE 일상 대화로 표현 익히기

Jinyoung **Dad, I want my ears pierced.**
아빠, 나 귀 뚫고 싶어.

Peter **I told you can do it when you're ten years old!**
10살이 되면 해도 된다고 했잖니!

Jinyoung **But Mary got her ears pierced last week.**
하지만 메리는 지난주에 귀 뚫었는걸.

Peter **Well, would you jump off a cliff because your friend jumped?**
그래, 그럼 친구 따라 강남 갈래?

Jinyoung **No…**
아니…

68

피터의 한마디

누구나 한번쯤은 친구 따라 무언가를 해본 적이 있죠? 그럴 때마다 부모님이 아이들한테 자주 하는 말이 있어요. "Would you jump off a cliff because your friend jumped?"로 "친구가 절벽에서 뛰어내리면 너도 뛰어내릴 거냐?"라는 말인데요. 직역하면 좀 끔찍하죠. 이건 "친구가 해서 나도 했다"라는 핑계를 댈 때 부모님이 아이를 막기 위해 쓰는 말이에요. 사실 저도 어렸을 때 이 말을 처음으로 듣고 진짜 할 말이 없었어요. 부모님 말씀이 맞잖아요. 아무리 친구가 좋다 해도 절벽은 좀… 저는 그때도 속으로 이렇게 생각했죠. "미안하지만… 난 남아 있을래요." 하지만 말이죠, 친구가 강남에 간다면 저도 한때 강남에서 꽤 놀았던 사람이라… 그건 따라갈 수도 있을 것 같아요.

TIP

이 말은 "If your friend jumped off a cliff, would you do it too?(네 친구가 절벽에서 뛰어내리면 너도 따라 할 거야?)"라고도 표현할 수 있어요.

문장 활용해보기

You wouldn't jump off a cliff if Fred did, so don't waste money like him either.
프레드 따라 강남 갈 거 아니니까, 걔처럼 돈 낭비하지 마.

Would you jump off a cliff just because your friend did?
친구가 강남 갔다고 너도 따라갈 거야?

직접 써보기

to jump off a cliff because your friend jumped

LESSON 027

젊은 꼰대

최근 몇 년 사이 한국에서 '꼰대'는 완전히 부정적인 이미지로 자리 잡았죠. 그런데 제 주변엔 나이는 젊은데 완전 꼰대 같은 친구가 있어요. 아직 서른 살밖에 안 됐는데 늘 남을 지적하고, 본인의 방식이 무조건 옳다고 말하거든요. 이럴 때 쓸 수 있는 '젊은 꼰대'라는 표현, 혹시 영국식 영어에도 있을까요?

young fogey

 DIALOGUE 일상 대화로 표현 익히기

Peter **I think you shouldn't wear such casual clothes to work.**
회사에 그렇게 캐주얼한 옷을 입고 오는 건 아닌 것 같아.

Jinyoung **I'm wearing a smart jacket!**
세련된 자켓도 입었는걸!

Peter **But no tie. And your hair is a mess.**
하지만 넥타이는 안 했잖아. 그리고 머리도 엉망이야.

Jinyoung **You are such a young fogey!**
너 정말 젊은 꼰대 같다!

피터의 한마디

최근 몇 년 사이에 '꼰대'라는 표현이 한국에서 굉장히 부정적인 의미로 많이 쓰이게 됐죠. 저도 솔직히 조금은 꼰대 기질이 있고, 상황에 따라서는 꼰대처럼 굴 필요도 있다고 생각해요. 하지만 저는 이제 나이가 좀 있어서 '젊은 꼰대'라는 말에는 해당되지 않겠네요. 영어에서도 나이가 좀 있고 사고방식이 옛날 스타일에 고집까지 센 사람을 'old fogey'라고 해요. 조금 비하적인 뉘앙스가 있어서 듣는 사람 입장에선 기분이 안 좋을 수도 있죠. 그래서 요즘에는 젊은데도 고지식하고 구시대적인 사람을 'young fogey'라고 부르면 딱이에요.

TIP

참고로 fogey는 혼자 쓰이기보다는 old와 함께 자주 쓰여요. 그리고 철자는 fogey로도 쓰고, fogy로도 쓸 수 있어요. 두 가지 다 맞는 표현입니다!

문장 활용해보기

There is no other way to describe you other than a young fogey.
너를 설명할 단어는 젊은 꼰대밖에 없어.

Someone in their twenties who nags teenagers about their phone habits is a young fogey.
10대에게 휴대폰 습관 가지고 잔소리하는 20대는 젊은 꼰대지.

직접 써보기

young fogey

LESSON 028

볼수록 매력 있어

피터도 축구 방송 초창기엔 사람들이 좀 비호감이라고 느낀 캐릭터였다고 들었어요. 그런데 시간이 지나면서 볼수록 매력 있다는 반응이 많아졌죠. 이렇게 처음엔 별로였는데 점점 정이 가고 호감이 생길 때 한국어로는 '볼수록 매력 있어'라는 표현을 씁니다. 영국식 영어로는 어떻게 표현하나요?

He grows on you.

 DIALOGUE 일상 대화로 표현 익히기

Jinyoung **Tina is so annoying. Why are you friends?**
티나는 너무 짜증 나. 왜 그런 애랑 친구인 거야?

Peter **She can be a bit much, but she grows on you!**
좀 과할 때도 있지만, 볼수록 매력 있거든!

Jinyoung **I don't think I'll ever like her.**
내가 걔를 좋아하게 될 일은 없을 거야.

Peter **Just give it a few weeks and you'll love her!**
몇 주만 같이 지내보면 분명 좋아하게 될 거야!

피터의 한마디

'볼매'라는 표현, 요즘 워낙 자주 들으니까 익숙하시죠? '볼수록 매력 있다'는 말은 영어로도 표현할 수 있어요! "The more you A, the more you B"라는 패턴을 아마 교과서에서 한번쯤은 보셨을 거예요. 하지만 이 책에서는 굳이 그런 설명을 하지 않을 겁니다. 생각해보니 이 책도 일종의 볼매 아닌가요? 영어로는 "Someone grows on you"라는 표현을 쓰면 원어민처럼 들립니다! 여기서 grow는 '자라다'라는 뜻인데요, 그 사람에 대한 마음이 점점 자라고 커지는 느낌이라고 생각하면 돼요. 영어에서는 아예 '볼수록'을 생략해도 자연스러워요. 특히 처음엔 별로라고 느꼈는데, 시간이 갈수록 점점 더 호감이 생길 때 이 표현을 자주 씁니다.

TIP

좀 더 짧고 재밌게 말하고 싶다면 한국어의 '볼매'처럼 영어에서는 'grower'라는 표현을 쓸 수 있어요. 이 말은 어떤 노래나 사람이 처음엔 별로인 것 같다가도 들을수록(볼수록) 점점 더 매력적으로 느껴질 때 사용해요.

문장 활용해보기

I can't believe Harry has grown on you. You used to hate him!
해리가 네 마음에 들게 됐다니 믿기지 않아. 예전엔 싫어하더니!

He's the type to really grow on you.
그는 정말 볼수록 매력 있는 스타일이야.

직접 써보기

He grows on you.

LESSON 029

넌 진짜 사랑꾼이야

피터의 얘기를 들으면 어떨 때는 정말 사랑꾼 같지만, 또 어떨 때는 전혀 그렇지 않게 느껴져요. 특히 아내 이야기를 할 때요. 최근에는 친구가 저한테 "너 진짜 사랑꾼이야"라고 말하더라고요. 영국식 영어로는 어떻게 표현하면 좋을까요?

You're a hopeless romantic!

 DIALOGUE 일상 대화로 표현 익히기

Jinyoung **You still regularly buy your wife flowers?**
아직도 아내한테 자주 꽃 사주니?

Peter **Yes, of course! She is my beautiful flower.**
당연하지! 아내는 나의 아름다운 꽃이니까.

Jinyoung **And you still go out for date night once a week?**
여전히 일주일에 한 번씩 데이트도 해?

Peter **Why not? We are still madly in love.**
왜 안 하겠어? 우린 아직도 열렬히 사랑하고 있는데.

Jinyoung **You're a hopeless romantic!**
넌 진짜 사랑꾼이네!

피터의 한마디

서로 사랑하면 '사랑꾼'이 되는 건 정말 멋진 일인 것 같아요. 물론 짝사랑일 경우에는 상대방이 조금 부담스러워할 수도 있겠죠. 영어에도 이 두 상황에서 모두 쓸 수 있는 표현이 있어요. 바로 "You're a hopeless romantic"입니다. 여기서 hopeless는 직역하면 '희망이 없다'는 뜻이지만, 이런 문맥에서는 '완전히 빠져 있는', '구제 불가능할 정도로'라는 의미에 더 가까워요. 그리고 romantic은 '낭만적인'을 의미하는 형용사가 아니라, '사랑꾼'을 뜻하는 명사로 쓰여요. 즉, 이 표현은 '너는 사랑에 푹 빠져 있는 사람, 사랑 하나로 세상을 살아가는 사람'이란 뜻이에요. 사랑을 받든 안 받든, 이 사람은 언제나 사랑에 올인하는 타입인 거죠.

TIP

'사랑꾼'처럼 꼭 love가 들어간 표현을 쓰고 싶다면 'lovey-dovey'라는 표현이 있어요. 이 말은 알콩달콩하고 애정 표현이 넘치는 모습을 뜻해요.

문장 활용해보기

These roses are for you! I can't help it.
I'm a hopeless romantic!
이 장미꽃은 너를 위한 거야! 어쩔 수 없어. 난 타고난 사랑꾼이거든!

I don't like hopeless romantics.
They spend too much time dreaming of a perfect love.
난 사랑꾼들이 별로야. 완벽한 사랑만 꿈꾸느라 시간을 너무 많이 허비하거든.

직접 써보기

You're a hopeless romantic!

LESSON 030

이심전심

피터, '이심전심'이라는 사자성어 아세요? 사자성어엔 좀 약하신 것 같아서요! 이 표현은 말하지 않아도 마음이 통해서 서로의 생각이나 느낌을 알 수 있을 때 자주 써요. 혹시 영국식 영어에도 이런 상황을 표현하는 비슷한 말이 있을까요?

> **read each other's minds**

 DIALOGUE 일상 대화로 표현 익히기

Jinyoung **I was just about to call you.**
너한테 막 연락하려고 했는데.

Peter **Really? I was just thinking of you.**
진짜? 나도 너 생각하고 있었어.

Jinyoung **I read your mind.**
이심전심이네.

Peter **It's like we have a special connection.**
우리한테 특별한 텔레파시가 있는 것 같아.

 **피터의 한마디**

갑자기 배고픈데요… '이심점심' 냠냠… 처음엔 진짜 그렇게 들렸는데, 이젠 무슨 뜻인지 압니다. 외국인 입장에서 사자성어는 좀 어렵지만 너그럽게 봐주세요! 이 표현을 영어로 옮기자면 바로 'read each other's minds'예요. 직역하면 '서로의 마음을 읽다'라는 뜻인데, 이건 단순히 이해하는 것을 넘어서 텔레파시가 통하는 것처럼 특별한 관계를 나타내는 말이에요. 예를 들어 가족끼리 저녁 메뉴를 고민하다가 모두 동시에 같은 음식을 떠올렸다면 이렇게 말할 수 있어요. "You read my mind!" '어떻게 내 생각을 딱 알았어?' 같은 느낌이죠.

TIP

한국어로는 "그 사람 마인드가 좋아"라고 말하잖아요? 이걸 영어로 그대로 "That person has a good mind"라고 하면 어색하게 들릴 수 있어요. 더 자연스러운 표현은 "That person has a good way of thinking"입니다. 여기서 'way of thinking'은 사고방식, 즉 세상을 바라보는 태도나 생각하는 방식을 의미해요.

문장 활용해보기

You read my mind! I really wanted to eat dessert.
이심전심이네! 진짜 디저트 먹고 싶었거든.

How do you read each other's minds so well?
어떻게 그렇게 말 안 해도 잘 통하는 거야? 이심전심이 따로 없네.

직접 써보기

read each other's minds

LESSON 031

짚신도 짝이 있다

"짚신도 짝이 있다"는 말을 최근 몇 년 동안 추석이나 설날에 할머니 뵈러 갈 때마다 꼭 들었던 것 같아요. 그런데 아직까지는… 이 짚신이 짝을 못 찾았네요. 그래도 이번 기회에 이 표현을 영어로 배워보고 싶어요. 다음 명절 때 얘깃거리라도 하나 만들어서 가보려고요.

There's someone for everyone.

" DIALOGUE 일상 대화로 표현 익히기

Jinyoung I think I'm going to die alone.
평생 혼자 살다가 죽을 것 같아.

Peter Hey! Don't be so negative.
Your last relationship was pretty long.
야! 너무 부정적으로 생각하지 마. 너 지난 연애는 꽤 오래 했잖아.

Jinyoung And then he dumped me for his ex!
그렇지만 날 차고 전 애인한테 돌아갔지!

Peter Listen. **There's someone for everyone.** I promise.
있잖아, 짚신도 짝이 있는 법이야. 내 말 믿어.

피터의 한마디

이런 한국스러운 표현, 정말 좋지 않나요? "짚신도 짝이 있다"는 참 귀엽고 정감 있는 말이에요. 하지만 영어에서 짝을 신발에 비유하는 표현은 잘 쓰지 않아요. 이럴 때 쓸 수 있는 표현은 바로 "There's someone for everyone"입니다. 여기서 someone은 '누군가', everyone은 '모든 사람'을 의미하니까 직역하면 '모든 사람에게 누군가가 있다', 즉 '세상 모든 사람에겐 인연이 있다'는 뜻이죠. 되게 로맨틱하고 동시에 위로가 되는 말이기도 해요. 그리고 저는 이 말을 진짜 믿습니다. 세상에는 정말 다양한 사람들이 있고, 당연히 나에게 꼭 맞는 누군가(someone)가 어딘가(somewhere)엔 반드시 있어요. 파이팅입니다!

TIP

가게에서도 "We've got something for everyone(모든 사람을 위한 상품이 있어요)"라고 말하곤 하죠. 이 표현은 누구에게나 어울리는 무언가가 있다는 의미로, 취향이 다양한 사람들을 모두 만족시킬 수 있다는 뜻을 담고 있어요.

문장 활용해보기

I firmly believe that there's someone for everyone.
나는 짚신도 짝이 있다는 말을 굳게 믿어.

If there is someone for everyone, where is my future husband?
정말 짚신에게도 짝이 있다면, 내 미래의 남편은 도대체 어디에 있는 걸까?

직접 써보기

There's someone for everyone.

LESSON 032

브로맨스

남자들끼리 너무 친하면 "와, 완전 브로맨스다~"라고 말하곤 하죠. 그런데 이 말, 진짜 영어에서 온 걸까요? 그냥 bromance라고 해도 통하는 걸까요? 혹시 영국에서 쓰는 더 찰진 표현이 있나요?

brothers from another mother

 DIALOGUE 일상 대화로 표현 익히기

Jinyoung **You and Youngchul are so close.**
너랑 영철이 진짜 친하구나.

Peter **Yeah, he's been so good to me since we first met.**
응, 영철이는 처음 만났을 때부터 나한테 정말 잘해줬어.

Jinyoung **You're like brothers from another mother.**
완전 브로맨스나 다름없다니까.

Peter **Exactly.
I feel like we've known each other forever.**
공감이야. 오래전부터 알고 지낸 친구 같아.

피터의 한마디

물론 그냥 bromance라고 해도 괜찮아요. 원래 brother와 romance의 합성어니까요! 둘이 아주 친하면 흔히 그렇게 부르죠. 근데요, 그보다 더 재미있고 가까운 느낌을 주는 표현이 있어요. 라임이 착착 맞아서 기억하기도 쉽고요. 바로 'brothers from another mother'입니다. 직역하면 '다른 엄마에게서 태어난 형제들'이라는 뜻인데, 진짜 형제는 아니지만 그만큼 친한 친구들을 말할 때 써요. 그리고 재미있는 건 여자들 사이에서도 이런 표현이 있다는 거예요! 'sisters from another mister'라고 하는데, 여기서 mister는 아빠를 대신하는 말이에요. 다시 말해 '다른 아빠에게서 태어난 자매들', 즉 '찐친' 여자 친구들을 가리킬 때 쓰는 표현이죠.

TIP

brother를 줄여서 bro라고 부르는 건 다들 잘 아시죠? 영국에서도 친한 남자끼리 bro를 쓰긴 하지만, 특히 런던 지역에서는 'bruv'라는 표현도 자주 써요. 이건 brother를 런던 식 억양으로 발음하면 'bruvver'처럼 들리는 것에서 나온 말이에요. 그래서 "What's up, bruv?"처럼 친구나 형제 같은 사이에서 자연스럽게 쓰이는 말이랍니다.

문장 활용해보기

You are my best friend in the world.
We're **brothers from another mother**.
넌 세상에서 가장 소중한 내 친구야. 우린 브로맨스야.

Peter and Paul are like **brothers from another mother**.
I can't believe they are not related.
피터랑 폴, 브로맨스가 장난 아니야. 진짜 친형제가 아니라니 믿을 수 없어.

직접 써보기

brothers from another mother

LESSON 033

서로 알아가는 중입니다

막 썸이 시작된 상황 혹은 회사에서 새 동료와 조금씩 친해지고 있는 단계에서 누군가 관계를 물어보면 단정 짓기보다는 이렇게 말하게 되죠. "아직은 서로 알아가는 중이에요." 이런 미묘한 관계를 영국식 영어로 어떻게 자연스럽게 말할 수 있을까요?

We're just getting to know each other.

DIALOGUE 일상 대화로 표현 익히기

Jinyoung So… are you two dating now?
그래서… 너네 지금 사귀는 거야?

Peter No, not exactly. **We're just getting to know each other.**
아니, 꼭 그런 건 아니고. 그냥 서로 알아가는 중이야.

Jinyoung Ah, okay. Taking it slow then?
아, 그렇구나. 천천히 가보는 거네?

Peter Yeah, no pressure.
응, 부담 없이.

피터의 한마디

처음 만난 사람과의 관계를 너무 빨리 규정하기보다는 "지금은 서로 알아가는 단계예요"라고 말하면 상대에게 부담을 주지 않고, 여지도 남길 수 있죠. 영어로는 이렇게 표현합니다. "We're just getting to know each other." 여기서 핵심은 just입니다. 그냥 "We're getting to know each other"라고 하면 약간 딱딱하거나 의무적으로 들릴 수 있지만, just를 넣으면 훨씬 더 부드럽고 자연스러운 느낌을 줄 수 있어요. 이 표현은 미국과 영국에서 공통적으로 자주 쓰이는 표현이며, 연인 사이뿐만 아니라 친구, 직장 동료, 심지어 비즈니스 초기 관계에서도 쓸 수 있을 만큼 활용도 높은 문장이랍니다.

TIP

연애 초기에 자주 쓰는 표현 중 하나로 "We're seeing how it goes"가 있어요. 아직 뭔가 정해진 건 없지만 그냥 흐름에 따라 지켜보는 중이라는 뜻이죠. 가볍게 들릴 수 있지만, 동시에 앞으로 발전할 가능성도 열어두는 표현이에요.

문장 활용해보기

We're not dating yet.
We're just getting to know each other.
아직 사귀는 건 아니고, 그냥 서로 알아가는 중이에요.

It's my first week here,
so I'm still getting to know everyone.
여기 온 지 첫 주째라, 아직은 모두를 알아가는 중이에요.

직접 써보기

We're just getting to know each other.

LESSON 034

오지라퍼

남의 일에 쓸데없이 끼어드는 사람들이 있죠? 괜히 아는 척, 도와주려는 척하면서 더 혼란스럽게 만드는 사람들! 한국에서는 그런 사람을 '오지라퍼'라고 하는데, 영국식 영어에서는 어떻게 표현하나요?

a busybody

 DIALOGUE 일상 대화로 표현 익히기

Jinyoung Let me book a restaurant for your anniversary dinner.
기념일 저녁 식사 예약 내가 해줄게.

Peter There's no need to do that.
그럴 필요 없어.

Jinyoung Well, then I'll help you buy a present.
그럼 선물 고르는 거 도와줄게.

Peter No, thank you. You're such **a busybody**.
괜찮아. 너 정말 오지라퍼구나.

피터의 한마디

'오지랖이 넓다'라는 표현은 저도 예전에 어떤 방송을 하다가 처음 배웠는데요, 정말 재밌는 말이더라고요. 자기 일이 아닌데도 굳이 나서고 남의 일에 간섭하는 걸 이렇게 표현하다니, 참 한국적인 뉘앙스가 느껴졌어요. 영국식 영어에도 비슷하면서도 재치 있는 표현이 있어요. 남의 일에 관여하고 본인과 상관없는 일을 거드는 행동이 어떻게 보면 굉장히 바쁘게 움직이는 거잖아요? 그래서 영어에선 'busy'라는 단어를 써요. 그리고 여기에 사람을 뜻하는 'body'를 붙여서 'busybody'라고 해요. 직역하면 '바쁜 사람' 같지만, 실제로는 오지랖 넓은 사람을 가리키는 말이죠. 예를 들어 "That person is such a busybody", '그 사람 완전 오지라퍼야'라고 표현할 수 있어요.

TIP

정말 누군가가 엄청 바쁘다는 걸 재미있게 강조하고 싶을 때는 'busy as a bee'라는 표현을 쓸 수 있어요. '벌처럼 바쁘다'는 뜻으로, 부지런히 움직이는 벌의 이미지에서 나온 말이에요. 또한 busy와 bee가 모두 b로 시작하는 단어라 말할 때 리듬감이 있고 기억하기 쉬운 표현이랍니다.

문장 활용해보기

If you keep being a busybody, people won't like you.
자꾸 오지라퍼처럼 굴면, 사람들이 널 안 좋아할 거야.

Why is he such a busybody? It's so annoying.
걔는 왜 이렇게 오지랖이 넓어? 진짜 짜증 나.

직접 써보기

a busybody

LESSON 035

내로남불

피터, 한국에서는 남에게는 엄격하면서 정작 자기한테는 한없이 관대한 사람들을 보면 "진짜 내로남불이네"라고 말하곤 해요. "내가 하면 로맨스, 남이 하면 불륜"의 줄임말로, 자기 행동은 합리화하고 남의 행동은 비난하는 이중잣대를 비꼴 때 자주 쓰이는 표현이죠. 그런데 이런 뉘앙스를 담은 표현이 영국에도 있을까요?

double standards

DIALOGUE 일상 대화로 표현 익히기

Jinyoung **Did you see how he criticized us for being late?**
그가 우리 늦은 걸로 뭐라 한 거 봤어?

Peter **Talk about double standards! He's always late himself!**
내로남불이네! 본인은 항상 늦으면서.

Jinyoung **It's so frustrating dealing with him.**
그를 상대하는 건 정말 짜증 나.

Peter **Tell me about it. It's so hypocritical.**
그러게 말이야. 진짜 위선적이야.

피터의 한마디

내로남불, 즉 자기에게는 관대하면서 남에게는 엄격한 태도를 영어로 직역하면 "When I do it, it's romance. When others do it, it's cheating" 정도로 표현할 수 있어요. 하지만 이건 실제로 존재하는 표현은 아니기 때문에 원어민이 들으면 불륜 얘기로 오해할 수도 있습니다. 이럴 땐 'double standards'라는 표현을 쓰는 게 훨씬 정확해요. 직역하면 '이중 기준'이라는 뜻으로, 같은 상황인데 사람에 따라 잣대를 달리 적용하는 불공정한 태도를 비판할 때 사용됩니다. 영국에서도 공정하지 못한 상황이나 위선적인 행동을 지적할 때 이 표현을 자주 씁니다.

TIP

'로망'은 프랑스어 roman에서 온 말로 한국어에서는 낭만적이라는 뜻을 넘어 이상적이고 개인적인 꿈이나 바람, 즉 마음속으로 그려보는 이상향 같은 의미로도 자주 쓰입니다. 그런 의미로 쓰려면 romance보다는 dream이나 fantasy가 더 적절한 표현이에요.

문장 활용해보기

She has such **double standards** when it comes to male and female colleagues.
그녀는 남녀 동료들에 대해 이중잣대를 가지고 있습니다.

I will admit I have **double standards**. Doesn't everyone?
내가 내로남불이라는 걸 인정할게. 다들 그렇지 않아?

직접 써보기

double standards

LESSON 036

새해 복 많이 받으세요

새해가 밝아 영국 친구에게 "Happy New Year!"라고 인사를 건넸는데, 예상치 못한 대답이 돌아왔습니다. 한국에서는 새해 인사로 "새해 복 많이 받으세요" 한마디면 충분한 게 국룰인데, 영국식 표현은 무엇이 다른지 궁금합니다.

Have a good one!

DIALOGUE 일상 대화로 표현 익히기

Jinyoung Hey, Peter.
I can't believe it's almost the new year.
안녕, 피터. 벌써 새해가 됐네.

Peter Same here. Time flies.
그러게 말이야. 시간이 빠르다.

Jinyoung Happy new year!
새해 복 많이 받아!

Peter Have a good one!
응, 너도 새해 복 많이 받아!

Jinyoung Fingers crossed!
행운을 빌어!

 **피터의 한마디**

영국에서도 "Happy New Year"는 가장 흔하고 널리 쓰이는 인사말이 맞습니다. 하지만 이 말만 반복하다 보면 조금 식상하게 느껴질 수도 있죠. 그런 경우, 특히 누군가 "Happy New Year"라고 인사했을 때 색다르게 받아치고 싶다면 "Have good one"이라는 표현을 써보세요. 이 표현은 미국에서도 쓰이긴 하지만, 영국에서 훨씬 더 자주 들을 수 있어요. 친구가 "Happy New Year"라고 인사했을 때 "Have a good one!"이라고 자연스럽게 답하면, 단조로운 신년 인사 릴레이 속에서 한층 센스 있는 느낌을 줄 수 있답니다.

TIP

"Have a good one"에서 one은 맥락에 따라 "좋은 하루 보내", "좋은 한 주 보내", "좋은 한 해가 되길" 등으로 해석될 수 있어요. 듣는 사람은 자연스럽게 상황에 맞게 의미를 받아들이기 때문에 다양한 상황에서 두루 쓰기 좋은 표현이랍니다.

문장 활용해보기

I hope you have a good one this year!
올해 좋은 일만 있길 바랄게!

Have a good one and see you next time.
새해 복 많이 받고 다음에 보자.

직접 써보기

Have a good one!

LESSON 037

눈엣가시

피터, 한국에서는 몹시 거슬리는 사람이나 존재를 가리켜 '눈엣가시'라고 해요. 말 그대로 눈에 가시가 박힌 것처럼 계속 신경이 쓰이고 불편한 사람이라는 뜻이죠. 근데 가만히 생각해보면 눈에 가시가 있다니… 듣기만 해도 너무 끔찍하지 않나요? 혹시 영국에도 이런 비유적인 표현이 있을까요?

a thorn in one's side

 DIALOGUE 일상 대화로 표현 익히기

Jinyoung **We always lose to that team.**
우리는 그 팀한테 늘 져.

Peter **Their striker always scores against us.**
그 팀의 공격수는 매번 우리를 상대로 골을 넣지.

Jinyoung **He is a thorn in our side!**
그는 우리한테 눈엣가시야!

Peter **I can't wait until he retires.**
그가 은퇴하기만을 기다려.

피터의 한마디

'눈엣가시'라는 표현을 상상해보면 정말 끔찍하죠. 눈에 진짜 가시가 있다면 아무것도 못할 만큼 고통스러울 테니까요. 재미있게도 비슷한 의미를 가진 영어 표현이 있어요. 바로 'a thorn in one's side'입니다. 여기서 side는 몸의 옆구리 부분을 의미하는데, 가시가 옆구리에 박혀 있다고 상상해보면 은근히 거슬리고 불편한 상태가 딱 떠오르죠. 생각해보면 한국어의 '눈엣가시'는 너무 고통스러운 이미지라서 오히려 비유로는 과할 수도 있어요. 반면 영어 표현은 계속 신경 쓰이게 만드는 존재를 더 현실적이면서 은유적으로 잘 표현하는 것 같지 않나요? 이쯤 되면⋯ 영어 1, 한국어 0!

TIP

한국어에서는 장미에 있는 가시도, 나무 바닥에서 튀어나온 가시도 모두 '가시'라고 부르죠. 하지만 영어에서는 조금 다릅니다. 장미처럼 식물에 있는 가시는 thorn, 나무나 바닥에서 튀어나와 살에 박히는 작은 조각은 splinter라고 부릅니다.

문장 활용해보기

**He was always a thorn in your side.
Well done for breaking up with him!**
그는 늘 너한테 눈엣가시였잖아. 헤어져서 다행이야!

Having to do two jobs at once was always a thorn in my side.
한 번에 두 가지 일을 해야 하는 건 언제나 내게 골칫거리였어.

직접 써보기

a thorn in one's side

LESSON 038

깻잎 세 장 차이

축구를 볼 때면 아쉬운 순간들이 정말 많습니다. 특히 골대를 맞혔을 때는 그 누구보다도 선수 본인이 가장 속상할 것 같아요. 깻잎 세 장 차이로 인생이 바뀔 수도 있는 게 바로 그런 순간이기도 해요. 축구의 본고장인 영국에도 이런 상황을 표현하는 재미있는 말이 있을까요?

by a whisker

 DIALOGUE 일상 대화로 표현 익히기

Jinyoung **He's going to score surely.**
이번엔 무조건 골이야.

Peter **He's one on one with the goalkeeper.**
골기퍼랑 일대일 상황이야.

Jinyoung **He shoots and he… misses the net.**
슛! 아… 골대를 벗어났어.

Peter **Just by a whisker. 1cm to the left and it would have been a goal.**
깻잎 세 장 차이야. 1cm만 왼쪽으로 갔어도 골이었을 거야.

피터의 한마디

사실 영국에서는 깻잎을 잘 먹지 않아요. 저도 참치김밥 시킬 때 깻잎은 빼달라고 하는 사람입니다. 그래서 당연하게도 아주 아슬아슬한 차이로 기회를 놓쳤을 경우 깻잎에 비유하지는 않아요. 대신 영국 사람들은 자신들이 사랑하고 많이들 키우는 고양이와 관련된 표현을 써요. 고양이 한 마리 차이도 아니고, 고양이에서 가장 얇은 부분, 바로 '수염(whisker)'입니다! 그래서 'by a whisker'라는 표현을 자주 써요. 예를 들어 "He missed by a whisker"는 '수염 한 올 차이로 놓쳤다', 즉 '정말 간발의 차이였다'는 뜻이에요. 그런데 문득 궁금한 게 생겼어요. 한국에서는 왜 하필 '깻잎 세 장 차이'라고 할까요? 한 장 차이가 더 아쉬울 것 같은데 말이죠.

TIP

참고로 영국에서 가장 유명한 고양이 사료 브랜드 중 하나도 'Whiskas(위스커스)'랍니다. 발음은 비슷하지만 철자는 달라요!

문장 활용해보기

They beat us by a whisker.
깻잎 세 장 차이로 졌어.

I'd rather miss by a mile than a whisker.
차라리 큰 차이로 지는 게 낫지, 깻잎 세 장 차이로 지는 건 너무 아쉬워.

직접 써보기

by a whisker

LESSON 039

척하면 척

피터, 혹시 '척하면 척'이라는 표현 들어보셨나요? 한국에서는 서로 말하지 않아도 통하는 찰떡같은 호흡이나 눈빛만 봐도 알아서 척척 움직이는 완벽한 케미를 말할 때 이 표현을 써요. 그런데 이런 말없이도 통하는 궁합, 찰떡 호흡을 영국식 영어로는 어떻게 표현할 수 있을까요?

be on the same wavelength

 DIALOGUE 일상 대화로 표현 익히기

Jinyoung **I think we should approach the project differently.**
이 프로젝트는 다르게 접근해야 할 것 같아.

Peter **Exactly! I was just about to suggest that.**
맞아! 나도 막 그 얘기를 하려던 참이었어.

Jinyoung **Seems like we're on the same wavelength.**
척하면 척이네.

Peter **Definitely, let's get started.**
완전 그래, 바로 시작하자.

피터의 한마디

한국에서 '척하면 척'이라는 표현은 누군가와 호흡이 딱 맞을 때 쓰죠. 영국에서는 이런 상황을 'on the same wavelength'라고 표현해요. 여기서 wavelength는 원래 전파나 주파수를 뜻하는데, 서로의 생각이 마치 같은 주파수에 맞춰져 있는 것 같다는 비유적인 의미로 쓰이는 거예요. 같은 주파수에 맞춰져 있으면 당연히 잘 통하겠죠! 반대로 호흡이 잘 안 맞을 때는 "We're not on the same wavelength"라고 말하면 돼요.

TIP

'같은 주파수'라는 맥락에서 음악에 관련된 표현도 하나 덤으로 알려드릴게요. 바로 'in tune'입니다. 원래는 악기나 목소리의 음이 맞는다는 뜻인데, 사람 사이에서도 '잘 맞는다, 조화롭다'는 의미로 쓸 수 있어요. 저도 여러분과 in tune, 잘 맞았으면 좋겠어요!

문장 활용해보기

**We're on the same wavelength.
That's why we're together.**
우린 척하면 척이야. 그래서 사귀는 거야.

**Are we on the same wavelength
or do you still not understand?**
척하면 척인 거야, 아니면 아직도 이해를 못 한 거야?

직접 써보기

be on the same wavelength

LESSON 040

읽씹하지 마!

누군가에게 메시지를 보냈는데 읽었음 표시만 남기고 아무런 답이 없으면 속으로 몇 번이나 '봤겠지…? 지금 바쁜가…?' 생각하다가 결국엔 "읽씹하지 마!"라고 외치고 싶은 순간, 다들 한번쯤 있지 않나요? 이럴 때 영국에서는 어떻게 말하나요?

Don't ignore my texts.

 DIALOGUE 일상 대화로 표현 익히기

Jinyoung **Did you get my message yesterday?**
어제 내가 보낸 메시지 확인했어?

Peter **Oh yeah! I totally forgot to reply.**
아 맞다! 답장하는 거 완전 깜빡했어.

Jinyoung **Don't ignore my texts, Peter!**
읽씹하지 마, 피터!

Peter **I didn't. I just forgot, I promise.**
읽씹한 거 아니야. 그냥 까먹은 것뿐이야, 맹세코.

96

피터의 한마디

한국어 표현은 뭔가 좀 더 질척거리는(?) 느낌이 있어요. '읽고'라는 말이 들어가니까 더 그런 것 같아요. 영어에서는 굳이 read까지 언급하지는 않아요. "Don't read and ignore…" 이런 식으로 말하면 오히려 너무 과한 느낌이 들 수 있어요. 또 한국어에서는 주어나 목적어 없이도 문장이 잘 흘러가지만, 영어에서는 적어도 둘 중 하나는 꼭 있어야 해요. 누구의 뭘 무시하지 말라는 건지 명확하게 해야 하죠. 이럴 땐 "Don't ignore my texts"가 딱 좋아요. text message는 message 또는 text로 줄여 쓸 수 있으니, 우리는 text로 가볼게요! text를 복수형으로 쓰는 이유는, 문자 하나만 보내고 무시했다고 하긴 좀 오버잖아요? 그래서 "Don't ignore my texts!"가 가장 자연스럽고 뉘앙스도 잘 살아 있는 표현이에요.

TIP

text는 우리가 일상에서 흔히 쓰는 표현이고, 조금 더 공식적이거나 기술적인 용어로는 Short Message Service, 즉 SMS라고 합니다. '스미싱(smishing)'이라는 말도 여기서 나온 거예요. SMS + phishing의 합성어로, 문자 메시지를 이용한 피싱 사기를 뜻하죠.

문장 활용해보기

Don't ignore my texts. Reply! Now!
내 문자 읽씹하지 마. 답장해! 당장!

If you're not going to answer my calls then don't ignore my texts.
전화를 안 받을 거라면, 문자라도 읽씹하지 마.

직접 써보기

Don't ignore my texts.

LESSON 041

아빠랑 붕어빵이네

어디선가 아빠와 아들이 나란히 걷고 있는 모습을 보고 "와, 붕어빵이네"라고 말할 때가 있습니다. 부모와 자식이 놀랄 만큼 닮았을 때 쓰는 표현인데요, 영국식 영어로는 어떻게 표현하나요?

You're a spitting image of your dad.

DIALOGUE 일상 대화로 표현 익히기

Jinyoung **Have you seen these old photos of your dad?**
아빠 옛날 사진 봤어?

Peter **Yeah, he must be about 40 years old in them.**
응, 저 사진을 찍을 당시 마흔 살쯤 되셨을 거야.

Jinyoung **You're a spitting image of your dad.**
넌 아빠랑 붕어빵이구나.

Peter **It's true, we could be twins!**
맞아. 우린 거의 쌍둥이처럼 닮았어!

 **피터의 한마디**

이 한국어 표현, 진짜 창의적이고 재미있지 않아요? 외국인 친구들에게 소개하면 다들 흥미로워하더라고요. 영어로는 그냥 "You're twins"처럼 단순하게 표현할 수도 있지만, 그보다 더 적절한 표현이 있어요. "You're a spitting image of~", 직역하면 '누구의 침 뱉은 이미지' 정도인데 어원에 대해선 여러 설이 있지만 아마도 아이가 부모를 너무 닮아서 마치 침을 뱉어 만든 것처럼 닮았다는 뜻에서 유래한 것 같아요. 즉, "A is a spitting image of B"는 'A는 B의 붕어빵이다'라는 의미죠.

TIP

참고로 '붕어빵'을 외국인에게 설명할 때 그냥 carp bread라고 하면 생선에 대한 거부감 때문에 싫어하는 경우가 많아요. 'Fish-shaped bread with a sweet red bean filling' 정도로 풀어서 부드럽고 친절하게 설명해주는 게 좋아요!

문장 활용해보기

Do you know you're a spitting image of Ryan Gosling?
너 라이언 고슬링이랑 붕어빵이라는 거 알아?

You're a spitting image of an ex I used to have.
넌 내가 예전에 사귀던 사람이랑 붕어빵이네.

직접 써보기

You're a spitting image of your dad.

CHAPTER 2 관계의 표현

LESSON 042

너 무슨 꿍꿍이야?

친구가 평소와는 다르게 행동할 때가 있잖아요. 말은 안 하지만, 뭔가 숨기고 있는 것 같고… 그럴 때 우리는 흔히 이렇게 말하죠. "너 무슨 꿍꿍이야?" 이런 상황을 영국에서는 어떻게 표현하나요?

Why are you being so shady?

DIALOGUE 일상 대화로 표현 익히기

Jinyoung You've been acting strange lately.
너 요즘 좀 이상하게 행동하는 것 같아.

Peter I don't know what you mean.
네가 무슨 소리 하는지 모르겠어.

Jinyoung Just tell me **why you are being so shady**.
그냥 말해줘. 무슨 꿍꿍이야?

Peter Fine! I was trying to plan a surprise party for you.
그래! 너를 위한 깜짝 파티를 준비하고 있었어.

 **피터의 한마디**

'꿍꿍이'는 뭔가 귀엽게 들리지만, 실상은 그렇지 않네요. 수상한 짓은 원래 밤이나 어두운 데서 해야 안 들키죠? 그래서 영어 표현 "Why are you being so shady?"가 딱이에요. 여기서 핵심 단어는 shady입니다. shade에서 나온 말인데요, shade는 우리가 잘 아는 화장품의 색상 톤이라는 뜻도 있지만 기본적으로는 '그늘'이라는 뜻이에요. 그래서 shady는 '그늘진'이라는 원래 뜻을 넘어, 사람이나 행동에 쓰이면 '수상한', '믿을 수 없는'이라는 의미로 바뀌죠. 물론 '수상한'을 영어로 하면 suspicious가 사전적인 정답이지만, shady는 더 캐주얼하고 재미있게 들려요!

TIP

힙합 가수 에미넴(Eminem)에게는 또 다른 자아인 Slim Shady라는 이름이 있어요. 이 이름은 그의 마른 체형(slim)과 내면의 어두운 면(shady)을 결합한 거예요. 즉, 날씬하고, 때로는 도발적이고 음침한 자아를 표현하는 캐릭터죠.

문장 활용해보기

You are **being so shady** lately. What's going on?
너 요즘 무슨 꿍꿍이가 있어 보여. 무슨 일이야?

Lying again? Just **why are you being so shady**?
또 거짓말이야? 도대체 무슨 꿍꿍이야?

직접 써보기

Why are you being so shady?

LESSON 043

우리 꼭 만나자

피터! 한국에서는 누군가와 다시 만나자는 약속을 정말 지키고 싶을 때 "우리 꼭 만나자!"라고 말해요. 그 '꼭'이라는 말 하나에 보고 싶은 마음도, 기다리는 마음도 다 담겨 있거든요. 혹시 영어에도 이렇게 만남에 대한 강력한 의지를 표현하는 말이 있을까요?

Let's hook up for sure.

DIALOGUE 일상 대화로 표현 익히기

Jinyoung I'm going to be in Seoul next week for the fashion show.
나 다음 주에 패션쇼 때문에 서울 가.

Peter Nice. How long are you here for?
좋군! 얼마나 머무를 예정이야?

Jinyoung A whole week.
So I have some free time on the weekend.
일주일 내내. 그래서 주말에 시간이 있어.

Peter Let's hook up for sure.
Where are you staying?
그럼 우리 꼭 만나자. 숙소가 어디야?

 **피터의 한마디**

한국어에서 '꼭'이라는 말은 정말 매력적인 표현 같아요. '꼭꼭꼭!' 강조할수록 진심이 더 느껴지잖아요. 영어에도 '꼭'의 의미를 전달하는 여러 표현이 있는데요, 그중 하나로 for sure를 소개해볼게요. 어떤 일을 하겠다고 말한 뒤에 for sure를 붙이면 '꼭 ~할게', '확실히 ~할게' 같은 느낌이 돼요. 또는 누군가의 요청에 긍정적으로 대답할 때 한국어로 "꼭!" 하듯이 for sure라고 말할 수도 있어요. 그리고 '만나다'는 영어로 보통 meet라고 하지만, 더 재미있는 표현으로 hook up이 있어요. hook은 피터 팬의 적이기도 하지만, hook up이라는 구동사는 '만나다', '연락해서 보기로 하다'라는 의미로 자주 쓰여요. 참고로 hook up 대신 meet up도 같은 의미로 쓸 수 있어요.

TIP

단, 주의할 점이 있습니다. hook up이 속어로는 '성관계를 갖다'라는 뜻도 있기 때문에 상황에 따라 조심해서 써야 해요.

문장 활용해보기

**I'm visiting your office next month.
Let's hook up for sure.**
다음 달에 너희 사무실을 방문할 거야. 우리 꼭 만나자.

**He said "let's hook up for sure",
and then never called me.**
그는 "우리 꼭 만나자"라고 말해놓고 나한테 연락 한번 없더라.

직접 써보기

Let's hook up for sure.

LESSON 044

너한테 찰떡이야

한국에서는 옷이나 액세서리, 헤어스타일 같은 게 누군가에게 너무 잘 어울릴 때 흔히 "너한테 찰떡이야!"라고 말해요. 찰떡처럼 착 달라붙는다는 말에서 온 표현인데요, 그 사람의 분위기나 스타일과 딱 맞아떨어질 때 쓰는 칭찬의 말이죠. 영국식 영어로는 어떤 표현을 쓰면 센스 있을까요?

It suits you to a tee.

DIALOGUE 일상 대화로 표현 익히기

Jinyoung What do you think of my new jumper?
새로 산 점퍼 어때 보여?

Peter **It suits you to a tee!**
너한테 찰떡이야!

Jinyoung Thanks for saying that. I really wasn't sure about it.
그렇게 말해줘서 고마워. 사실 좀 확신이 없었거든.

Peter Well, looking at it again….
음, 다시 보니까 좀….

 **피터의 한마디**

옷 얘기가 나온 김에 재미있는 표현 하나 힌트로 알려줄게요. 정장(suit)＋티(tee)가 들어간 표현이에요! 먼저 첫 부분은 "It suits you", 즉 '너한테 잘 어울린다'는 뜻이에요. 그런데 여기서 suit는 우리가 알고 있는 정장이기도 하죠? 그래서 기억하기 쉽게 '정장은 누구에게나 잘 어울리는 옷'이라고 생각해보세요. 영어에서 suit는 '정장'이라는 명사이자, '어울리다'라는 동사예요. 정장이 자켓과 바지가 잘 어울리는 세트이듯이 어떤 사람이나 상황에 잘 맞는다, 잘 어울린다는 의미로도 쓰이는 거죠. 그리고 이 표현을 더 재밌게 강조할 수 있는 말이 있어요. 바로 'to a tee'예요! 그래서 "It suits you to a tee"는 "너한테 찰떡같이 어울려!"라는 뜻이 돼요.

TIP

'tee'라고 쓰면 골프장에서 공을 올려놓는 받침대를 뜻해요. 반면에 마시는 차는 'tea'라고 철자합니다. 철자 하나 차이지만 전혀 다른 의미이니 주의해서 써야겠죠!

문장 활용해보기

That's a nice t-shirt. It suits you to a tee.
멋진 티셔츠네. 너한테 찰떡이야.

You guys suit each other to a tee.
너희 둘은 완전 찰떡궁합이네.

직접 써보기

It suits you to a tee.

LESSON 045

넌 내 스타일이 아니야

피터는 어떻게 보면 잘생겼고, 또 어떻게 보면 좀 느끼한 면도 있죠? 그런 의미에서 혹시 "넌 내 스타일이 아니야"라는 말을 들어본 적이 있으신지요? 영국에서도 스타일이라는 단어로 취향을 표현하는지 궁금합니다.

You're not really my type.

 DIALOGUE 일상 대화로 표현 익히기

Jinyoung **I am already married, so please stop.**
난 이미 결혼한 몸이니 그만 멈춰.

Peter **But I think you are the most handsome man in the world.**
하지만 난 당신이 세상에서 가장 잘생긴 남자라고 생각하는걸.

Jinyoung **Unfortunately, you're not really my type.**
안타깝게도, 당신은 내 스타일이 아니야.

Peter **Oh. That's very disappointing to hear.**
아, 그 얘기는 진짜 실망스럽네.

 **피터의 한마디**

'스타일'이라는 단어는 물론 영어에서 온 말입니다. 그런데 실제 영어에서는 특히 패션 분야에서 자주 쓰이는 표현이에요. 누군가가 내 스타일이 아닐 때, 영어에서는 'type'이라는 단어를 많이 써요. 직접적으로 "넌 내 스타일 아니야"라고 말하기보다는, 조금 더 순화해서 이렇게 표현하죠. "You're not really my type." 여기서 type은 형태를 뜻하기도 하지만, 이런 맥락에서는 스타일이나 취향으로 이해하면 돼요. 그리고… 인정할게요. 이 말, 영어로도 한국말로도 여러 번 들어봤어요.

TIP

이상형을 영어로 말할 때는 'ideal type'이라고 하지, 'ideal style'이라고는 잘 안 한다는 사실도 알아두세요.

문장 활용해보기

I don't think you're really my type, so this is goodbye.
넌 내 스타일은 아닌 것 같으니, 이제 그만하자.

You're not really my type but let's go on one more date.
솔직히 넌 내 스타일은 아니지만, 데이트 한 번만 더 해보자.

직접 써보기

You're not really my type.

LESSON 046

실물이 낫네

저번에 피터가 본인은 실물이 낫다는 얘기를 많이 듣는다고 했죠. 참 궁금하네요. 실제로 한 번 보고 싶은데요~ '실물이 낫다'라는 표현을 영어로는 어떻게 말하나요? 'real face'라고 표현하는 건 아니겠죠?

Photos don't do you justice!

DIALOGUE 일상 대화로 표현 익히기

Jinyoung It's nice to meet you in person.
직접 만나 뵙게 되어서 반가워요.

Peter Same. After all the messages on social media, this makes a change.
저도요. SNS로 메시지만 주고받다가 이렇게 만나니 색다르네요.

Jinyoung **Photos don't do you justice**, Peter!
피터는 실물이 낫네요!

Peter Awh, thanks for saying that. Even if you're just trying to be nice.
아유, 그렇게 말해줘서 고마워요. 빈말이라도 기분이 좋네요.

피터의 한마디

믿거나 말거나, 저 이 소리 한국에서 정말 많이 들었어요. "실물이 낫네!" 이 말을 영어로 표현할 때는 완전히 반대 방식으로 접근해야 해요. 즉, 사진이 실물을 제대로 담아내지 못한다는 식으로 말하는 거죠. "Photos don't do you justice." 사진(photo)은 누구나 아는 단어일 테고, 핵심은 그 뒤에 오는 don't do you justice입니다. 여기서 justice는 '정의, 공정함'이란 뜻인데요, 어떤 대상이 justice를 못 한다는 건 그 사람이나 사물을 제대로 표현하지 못하고 있다는 말이에요. 사진빨 안 받는 사람에게는 최고의 칭찬이고, 이 말을 들으면 싫어할 사람은 거의 없을 거예요!

TIP

만약 상대방이 영상이나 방송을 통해 알려진 사람이라면 "The camera doesn't do you justice"라고 하면 됩니다. 사진과 영상 전부 포함해서 칭찬하는 느낌이라 더 풍부하게 표현할 수 있어요.

문장 활용해보기

**Oh my god! Photos really don't do you justice.
You are so handsome.**
어머나! 실물이 낫네. 진짜 잘생겼다.

**You think photos don't do you justice?
I think you look great in these pics!**
넌 사진보다 실물이 낫다고 생각해? 난 네가 이 사진에서도 멋지게 나왔다고 생각하는데!

직접 써보기

Photos don't do you justice!

LESSON 047

넌 웃는 모습이 예뻐

누군가가 웃는 모습을 보고 "넌 웃는 모습이 예뻐"라고 칭찬하고 싶을 때가 있어요. 예를 들어 사진을 찍는데 웃는 모습이 너무 예쁘거나, 내내 죽상만 쓰다가 잠깐 웃는 순간 주변 분위기까지 환해질 때죠. 영국식 영어로는 어떻게 표현할 수 있을까요?

Your smile lights up the room.

> **DIALOGUE** 일상 대화로 표현 익히기

Jinyoung **Why do you look so serious today?**
오늘 왜 그렇게 진지한 표정이야?

Peter **I'm just tired.**
그냥 피곤해서 그래.

Jinyoung **You should smile more. Your smile lights up the room!**
좀 웃어봐. 넌 웃는 모습이 예쁘거든.

Peter **Awh, that's so sweet of you to say.**
아, 그렇게 말해주다니 정말 고마워.

피터의 한마디

웃으면 얼굴이 훨씬 환해지는 사람들이 있죠? 저는 그런 사람을 보면 괜히 기분이 좋아져요. 영어로는 간단하게 "You look beautiful when you smile" 같은 기본 표현도 자주 쓰지만, 오늘은 좀 더 멋지고 인상적인 표현을 알려드릴게요. 바로 이거예요. "Your smile lights up the room!" 직역하면 '네 미소가 방을 환하게 비춘다'는 뜻이지만, 사실은 그 사람의 미소가 공간 전체를 따뜻하고 밝게 만든다는 아주 감성적이고 로맨틱한 표현이에요. 누군가의 미소가 하루를 환하게 밝혀줄 만큼 소중하게 느껴질 때, 이 표현을 꼭 한번 써보세요!

TIP

참고로, 옛날 팝송 중에 〈You light up my life〉라는 명곡도 있어요. 여기서 'light up'은 단순히 밝게 만든다는 의미를 넘어서 내 삶을 환하게 밝혀준다는 뜻으로 쓰이죠.

문장 활용해보기

Her smile lights up the entire room whenever she walks in.
그녀가 방에 들어올 때마다 그녀의 미소가 방 안 전체를 환하게 밝혀요.

You don't know it, but your smile lights up the room.
넌 모르겠지만, 네 웃는 모습이 예뻐.

직접 써보기

Your smile lights up the room.

LESSON 048

잠수 좀 탔어

가끔 연락도 잘 안 하고, 메신저도 거의 안 보고… 사람들한테서 살짝 멀어지고 싶을 때가 있잖아요? 이럴 때 한국어로는 보통 "나 요즘 잠수 탔어"라고 하죠. 영국식 영어로는 어떻게 표현하나요?

I've been MIA.

DIALOGUE 일상 대화로 표현 익히기

Jinyoung I haven't heard from you in ages!
너랑 진짜 오랜만에 연락하는 거 같아!

Peter I know. I've been MIA.
나도 알아. 그동안 잠수 탔었어.

Jinyoung MIA?
엠 아이 에이?

Peter Missing In Action!
작전 중 실종!

피터의 한마디

한동안 연락이 끊겼을 때 "It's been a while"이나 "Long time no speak!" 같은 표현도 자주 쓰지만, 좀 더 재미있고 캐주얼하게 말하고 싶을 땐 "I've been MIA!"를 써보세요! 원래 MIA는 군대에서 쓰던 표현으로 'Missing In Action(작전 중 실종)'이라는 뜻이에요. 그런데 요즘은 일상에서 "나 요즘 잠수 탔어 ㅋㅋ", "연락이 좀 안 됐지" 하는 식으로 가볍고 웃기게 친구들끼리도 자주 써요. 재밌는 건 한국어 '미아迷兒'랑 뜻이 비슷하다는 점이에요. 하지만 주의할 점! '미아'처럼 읽지 말고 반드시 '엠아이에이(M-I-A)'라고 알파벳 하나씩 발음해야 멋져요. 왜냐하면 Mia는 영어권에서 흔한 여자 이름이라 헷갈릴 수 있거든요!

TIP

추가로 'MIA'는 문자나 DM을 보낼 때도 진짜 자주 써요! 예를 들어 "Sorry, MIA lately!"라고 하면 "미안, 요즘 잠수 탔었어!"라는 뜻입니다. 이렇게 짧게만 보내도 충분히 통하는 표현이죠.

문장 활용해보기

Sorry, I've been MIA. Life has been crazy!
요즘 잠수 타서 미안해. 정신없이 바빴어!

You've been MIA for so long! What have you been up to?
너 오랫동안 잠수 탔잖아! 그동안 뭐 하고 지냈어?

직접 써보기

I've been MIA.

LESSON 049

내 취향 아니야

어떤 음식이나 물건이 내 취향이 아닐 때 한국어로는 흔히 "내 스타일 아니야"라고 합니다. 그렇다면 이 말을 영국식 영어로 좀 더 멋지게 표현하려면 어떻게 할까요? style 같은 단어를 이용하면 되는 걸까요?

It doesn't tickle my fancy.

DIALOGUE 일상 대화로 표현 익히기

Jinyoung Want to try this new Indian restaurant tonight?
오늘 저녁에 새로 생긴 인도 음식점 가볼래?

Peter Honestly… **it doesn't tickle my fancy.**
솔직히… 별로 내 취향은 아니야.

Jinyoung Oh no! You don't like spicy food?
헉! 매운 거 안 좋아해?

Peter I do, but only Korean style spicy!
좋아하지, 근데 한국식 매운맛만 좋아해!

피터의 한마디

영국 음식이 별로라고요? 에이~ 영국 인도 음식 맛집 가면 진짜 맛있어요! 그리고 피시 앤 칩스 잘하는 집 가면 저도 눈물 흘립니다. 이번 표현은 "내 스타일 아니다"를 영국식으로 찐~하게 말하는 법입니다. 바로 "It doesn't tickle my fancy"입니다. 여기서 fancy는 명사로 '취향'이라는 뜻이고 tickle은 '간지럽히다'이기 때문에 "It doesn't tickle my fancy"는 '내 취향을 간질이지 않는다', 즉 '별로 안 끌린다'는 말이에요. 영국인들이 진짜 사랑하는 표현인데 미국 사람들은 가끔 못 알아듣는 경우도 있다고 하네요! 그러니 "내 스타일 아냐"를 고급스럽고 귀엽게 말하고 싶다면, 꼭 기억해두세요. "It doesn't tickle my fancy."

TIP

보통 Not my style이나 Not my type이라고 하면 되지 않나 싶죠. 하지만 이 표현들은 옷이나 사람에 대해서 말할 때 더 자연스럽고 음식이나 브랜드, 물건에 대해 얘기할 때는 살짝 어색할 수 있어요.

문장 활용해보기

This new fashion trend doesn't really tickle my fancy.
이 새로운 패션 트렌드는 별로 내 취향이 아니야.

**Sushi? Hmm,
it doesn't tickle my fancy, but I'll give it a try.**
스시? 음, 내 취향은 아니지만 한번 먹어볼게.

직접 써보기

It doesn't tickle my fancy.

LESSON 050

손이 많이 가

어떤 사람은 정말 사소한 일에도 예민하게 반응하고, 늘 신경을 써줘야 하고, 까다롭게 굽니다. 한국어로는 "진짜 손 많이 간다"라고 표현하곤 해요. 영국식 영어에는 hand라는 단어가 들어갈 것 같지만… 실제로는 어떤가요, 피터?

high maintenance

DIALOGUE 일상 대화로 표현 익히기

Jinyoung She won't eat anything but organic food.
걘 유기농 음식만 먹잖아.

Peter And don't forget her five skincare steps.
스킨케어 5단계도 절대 빼먹지 않지.

Jinyoung Wow, she's really **high maintenance**.
와, 진짜 손 많이 간다.

Peter Yeah, she wouldn't survive long camping!
그러게. 캠핑 가면 하루도 못 버틸걸!

 **피터의 한마디**

이럴 땐 'high maintenance'라는 표현이 딱이에요. 원래 maintenance는 기계나 시설을 유지·관리한다는 뜻이죠. 그런데 여기에 high가 붙어서 사람에게 쓰이면 '신경 쓸 게 많고 손이 많이 가는 스타일'이라는 의미가 됩니다. 예를 들어 "She's so high maintenance"라고 하면 그 사람의 외모, 성격, 생활 습관 등이 까다롭고 요구 사항이 많다는 뉘앙스예요. 반대로 "He's really low maintenance"는 '간단하고 손 안 가는 사람'이라는 뜻! 챙겨줄 게 별로 없고 적당한 것에 만족하는 스타일을 말하죠. 영국에서도 이 표현은 정말 자주 쓰여요. 특히 연애 이야기를 할 때 많이 들을 수 있어요. 데이트할 때 매번 새로운 레스토랑에 가야 하고, 선물도 자주 원하는 스타일이라면? 그건 바로 high maintenance partner! 참고로… 저는 low maintenance랍니다. 진짜예요. (믿어주세요.)

TIP

high maintenance 대신에 'a lot of work'라는 표현도 자주 쓰여요. 둘 다 신경 쓸 게 많고 다루기 좀 피곤한 스타일이라는 의미죠.

문장 활용해보기

That man is high maintenance — he needs love and attention all the time.
그 남자는 손이 많이 가. 항상 사랑과 관심을 받아야 하거든.

I prefer low maintenance friends who are easygoing.
나는 느긋하고 손 안 가는 친구들이 더 좋아.

직접 써보기

high maintenance

영국 이모저모 2

매너 Manners

이 단어는 영국에서 자라는 동안 정말 자주 듣는 말이에요. "Mind your manners!(매너 좀 지켜!)" 영국 부모님들이 아이가 무례하게 굴 때 가장 먼저 하는 말이죠. 그런데 그냥 짧게 "Manners!"라고만 해도 영국 아이들은 자기가 뭘 잘못했는지 바로 알아차려요. 보통 "thank you"나 "please" 같은 말을 깜빡했거나, 어른들에게 예의를 충분히 갖추지 않았을 때 듣는 말이죠. 그만큼 매너는 영국에서 아이 교육의 핵심이자, 사람을 평가하는 중요한 기준 중 하나예요.

매너의 중요성은 대중문화에서도 자주 다뤄지죠. 대표적인 예가 영화 〈킹스맨Kingsman〉입니다. 콜린 퍼스가 연기한 주인공이 이렇게 말하죠. "Manners maketh man(매너가 사람을 만든다)." 이 대사는 사실 영국 사람들 사이에서 오랫동안 쓰인 문장은 아니에요. 원래는 '윈체스터Winchester'라는 영국의 오래된 명문 사립학교의 교훈이었고, 고풍스러운 영어로는 "Manners makyth man"이라고 표현되었죠.

하지만 의미는 똑같아요. 사람의 가치는 그의 매너에서 드러난다는 것. 영국에서 매너는 단순히 예의 바른 말투를 넘어서, 사람의 내면을 반영하는 태도로 여겨져요. 공손한 말, 존중하는 태도, 적절한 제스처가 영국 일상 대화에서 아주 중요하게 여겨지는 이유입니다. 실제로도 매너는 신뢰와 존중을 쌓는 핵심 도구죠.

영국 매너의 핵심은 겸손과 배려입니다. 그래서 저는 종종 말하곤 해요. 영어를 딱 세 마디만 배운다면 "please", "sorry", "thank you"를 먼저 배우라고. 이 세 마디면 영국에서 살아남을 수 있어요. 그만큼 서로에 대한 존중이 생활 속 깊이 녹아 있거든요.

물론 이런 예절 문화가 가끔은 너무 지나쳐서 웃긴 상황도 연출되죠. 예를 들어, 사람들이 흔히 농담처럼 말해요. "영국인은 물에 빠져도 '도와주세요!' 대신 이렇게 외친다죠? Excuse me, sir, I'm terribly sorry, but I find myself in a spot of bother. Could I ask for your help?(저기요, 정말 죄송한데요, 제가 조금 곤란한 상황에 처했어요. 도와주실 수 있을까요?)" 위급한 순간에도 예의를 잃지 않는 영국인! 실제로도 그런 사람들이 꽤 있어요.

또 하나, 줄 서기는 영국 매너의 상징과도 같아요. 줄을 서는 건 타인에 대한 배려와 사회 질서를 지키는 방법으로 여겨지며, 영국 사람들은 어디서든 자연스럽게 줄을 서고, 불평 없이 차례를 기다려요. 농담 삼아 "줄 서기 올림픽이 있다면 영국이 금메달"이라는 말도 있죠.

개인적인 대화에서도 영국인은 아주 간접적이고 정중한 표현을 즐겨 써요. 예를 들어 "This might be a bit difficult"라는 말은 실제로는 "이건 거의 불가능해요"라는 뜻일 수도 있죠. 그만큼 상대방을 배려하고 갈등을 피하려는 의도가 담긴 대화 스타일입니다.

결국, 영국에서 매너란 단순한 행동이 아니라 삶의 방식이에요.

오늘의 문장

"Mind your manners!" (예의 좀 지켜!)

특히 아이들이 버릇없이 행동할 때 부모님들이 자주 쓰는 표현이죠. 꼭 큰일이 아니더라도, 작은 일에도 이 말을 사용할 수 있어요. 예를 들어 "please"나 "sorry" 같은 기본적인 말을 빼먹었을 때도 쓸 수 있고요.

CHAPTER 3

일상의 표현

Daily Life

LESSON 051

이거 신상이야

누군가에게 새로 산 물건을 자랑하고 싶어서 "이거 신상이야!" 하고 당당하게 말하고 싶을 때가 있어요. 그런데 막상 영어로 하려면 입이 막히곤 해요. "This is new"라고 하면 정말 그냥 새 물건이라는 의미밖에 전달되지 않는데, 자연스러운 영국식 영어 표현이 있을까요?

This is the latest model.

 DIALOGUE 일상 대화로 표현 익히기

Jinyoung **Is that a new phone?**
새 휴대폰이야?

Peter **Yeah, this is the latest model.**
응, 이거 신상이야.

Jinyoung **It looks really expensive!**
되게 비싸 보인다!

Peter **It was, but it is totally worth it.**
비싼 거 맞지, 근데 그럴 값어치가 있었어.

 **피터의 한마디**

맞아요. "This is new"는 단순히 "이건 새거야"라는 뜻이지, 꼭 신상이라는 의미는 아니에요. 최신 모델임을 강조하고 싶을 땐 "This is the latest model"이라고 표현하는 게 자연스럽습니다. 특히 전자제품이나 자동차처럼 자주 업그레이드되는 제품에 쓰이죠. 여기서 latest는 newest와 비슷한 뜻이지만, 좀 더 자연스럽고 세련된 뉘앙스를 줍니다. 미국에서도, 영국에서도 'latest model'은 흔히 쓰는 표현이에요. 단, 옷이나 패션 아이템에는 잘 안 써요. 그런 경우엔 'new arrival'이라고 표현하는 게 더 적절합니다. 매장에 새로 들어온 제품이라는 느낌이니까요.

TIP

제품군 전체가 새로 나왔을 땐 'the latest line'이라고 할 수 있어요. 이건 신상 하나가 아니라 신제품 시리즈 전체를 말할 때 쓰는 표현이죠.

문장 활용해보기

I just bought the latest model of that laptop.
나 방금 그 노트북 신상 샀어.

This is the latest model— they released it last month.
이거 신상이야. 지난달에 출시됐어.

직접 써보기

This is the latest model.

LESSON 052

엄마 손맛

피터, 한국에서는 어릴 적 엄마가 해주던 맛있는 음식을 떠올릴 때 "역시 엄마 손맛이지"라는 표현을 자주 써요. 단순히 맛있는 음식을 넘어서 정성과 사랑이 듬뿍 담긴 따뜻한 맛이라는 의미인데요. 아마 한국 사람이라면 어떤 느낌인지 다 알 거예요. 그런데 영국에도 이런 '엄마 손맛' 같은 개념이 있을까요?

mother's touch

 DIALOGUE 일상 대화로 표현 익히기

Jinyoung **This pasta isn't as good as last time.**
이 파스타 저번에 먹었을 때보다 별로네.

Peter **Oh, I ran out of my mum's homemade sauce.**
사실 엄마가 직접 만든 소스가 다 떨어졌거든.

Jinyoung **Nothing can beat a mother's touch in the kitchen.**
엄마 손맛을 이길 수 있는 건 없지.

Peter **Mums are the best.**
엄마들은 최고야.

피터의 한마디

한국에서는 엄마가 만들어준 음식의 특별한 맛을 '엄마 손맛'이라고 표현해요. 정확히 말하면, 엄마의 손길이 담겨 있어 더 맛있는 음식이라는 뜻이죠. 이걸 영어로 그대로 번역해서 hand flavour라고 하면… 왠지 조금 이상하고 징그럽게 느껴질 수 있어요. 대신 영어에는 'a mother's touch'라는 표현이 있어요. 직역하면 '엄마의 손길'이라는 뜻인데, 음식뿐만 아니라 어떤 일이나 물건에도 엄마의 정성과 사랑이 세심하게 담겨 있을 때 이 표현을 씁니다. 그래서 이 말은 '엄마 손맛'뿐 아니라 한국의 '엄마 약손'처럼 위로와 따뜻함을 주는 상황에도 자연스럽게 쓰일 수 있어요.

TIP

참고로, 영국 영어에서는 '엄마'를 줄여 부를 때 미국식 'mom'이 아니라 'mum'이라고 쓴다는 것, 꼭 기억해두세요!

문장 활용해보기

Chicken soup when you're sick needs a **mother's touch**.
아플 때 먹는 닭죽에는 엄마 손맛이 필요해.

A **mother's** just **touch** can't be beaten.
엄마 손맛을 이길 수 없어.

직접 써보기

mother's touch

LESSON 053

나 몇 살처럼 보여?

누군가에게 내 나이를 맞혀보라고 할 때, 한국어로는 "내가 몇 살처럼 보여?"라고 자연스럽게 말합니다. 영국식 영어로도 비슷한 뉘앙스를 표현할 수 있을까요? 혹시 실례는 아닐까요? 쉬운 것 같으면서도 어렵네요.

How old do I look?

 DIALOGUE 일상 대화로 표현 익히기

Jinyoung **Be honest with me; how old do I look?**
솔직히 말해봐. 나 몇 살처럼 보여?

Peter **Hmm… I'd say around 30?**
음… 한 서른쯤?

Jinyoung **Wow, you just made me so happy!**
와, 방금 너 때문에 기분 좋아졌어!

Peter **I told you before, you've got great skin.**
내가 예전부터 말했잖아. 너 피부 진짜 좋다고.

 **피터의 한마디**

이건 정말 자주 듣는 질문이에요. "How old do I look?"은 직설적이지만 자연스럽고 부담 없는 표현입니다. 많은 분들이 실수로 "How do I look?"이라고 묻기도 하는데, 이건 나이보다 외모나 분위기를 물어보는 말이에요. 영국에서도 "How old do I look?"은 아주 일반적인 표현이지만, 너무 자주 물으면 살짝 부담스러울 수도 있으니 분위기를 봐가며 쓰는 게 센스예요. 참고로 저도 이 질문을 받을 땐, 무조건 어리게 말해드립니다. 그게 사회생활의 기본이니까요!

TIP

비슷한 표현으로는 "Can you guess my age?"도 있어요. 이건 조금 더 게임처럼 가볍게 들려서 분위기에 따라 쓰기 좋아요.

문장 활용해보기

Be honest — how old do I look without makeup?
솔직하게 말해줘. 나 민낯일 때 몇 살처럼 보여?

Everyone says I look younger than I am, but how old do I really look?
다들 내가 실제보다 어려 보인다고 말하는데, 진짜로 몇 살처럼 보여?

직접 써보기

How old do I look?

CHAPTER 3 일상의 표현 **127**

LESSON 054

입맛에 맞으시나요?

손님을 대접할 때 가장 신경 쓰는 부분은 바로 음식이 상대방 입맛에 맞을지 아닐까요? 정성껏 준비한 만큼 음식이 괜찮은지 반응을 조심스레 묻게 됩니다. 그렇다면 영국식 영어로 "입맛에 맞으시나요?"를 어떻게 정중하게 물어볼 수 있을까요?

Is it to your taste?

 DIALOGUE 일상 대화로 표현 익히기

Jinyoung **Is this British tea?**
이거 영국식 차야?

Peter **Yes. Our finest English Breakfast tea! Is it to your taste?**
응, 최고급 잉글리시 브렉퍼스트 티야. 입맛에 맞아?

Jinyoung **Yes! It is delicious with the milk and sugar in it.**
응, 우유랑 설탕을 넣으니까 정말 맛있네.

Peter **Next time I'll make you a cup of Earl Grey.**
다음에는 얼그레이 한 잔 타줄게.

 **피터의 한마디**

이번에는 아주 상류층 느낌이 나는 영국식 영어 표현을 하나 알려드릴게요. 딱 듣자마자 "오, 얘 뭘 좀 아는구나?" 소리를 듣게 될 거예요. 먼저, '입맛'이라고 해서 영어로 mouth flavor나 mouth taste라고 하시면… 당연히 아니죠! 보통 음식이 입에 맞는지 물어볼 땐 "Do you like it?", "Is it nice?", "Is it tasty?" 이런 식으로 표현하잖아요. 근데 이 책을 보고 있는 여러분은 그런 기본 표현을 배우러 온 게 아니죠. 영국식 영어를 쓰면서 좀 있어 보이고 싶잖아요? 그럴 땐 바로 이 표현, "Is it to your taste?"입니다. 이 표현은 단순히 음식에만 쓰는 게 아니라 패션 아이템이나 인테리어, 음악 같은 취향을 물을 때도 사용할 수 있어요. 왜냐하면 taste는 '입맛'뿐만 아니라 '취향, 선호'라는 뜻도 있기 때문이죠.

TIP

비슷한 표현으로는 "Is it to your liking?(이거 마음에 드세요?)"이라는 말도 있어요. 둘 다 상대방을 존중하는 아주 공손한 표현입니다.

문장 활용해보기

How is the soup? Is it to your taste?
수프 어때? 입맛에 맞아?

I'm sorry, this is not to my taste.
죄송하지만, 제 입맛에는 안 맞네요.

직접 써보기

Is it to your taste?

LESSON 055

이 맛에 산다

누군가가 눈을 반짝이며 너무 신나하고 행복해하는 모습을 볼 때, 속으로 이런 말이 떠오르곤 합니다. "아, 저 사람 진짜 이 맛에 사는구나~" 그렇다면 피터, '사는 맛'이 느껴지는 그 순간을 영국식 영어로는 어떻게 표현할까요?

That is what I live for.

 DIALOGUE 일상 대화로 표현 익히기

Jinyoung We finally reached the summit!
드디어 정상에 도착했어!

Peter The view is absolutely amazing.
경치가 정말 끝내주네.

Jinyoung That is what I live for. It's why I love hiking.
이 맛에 살지. 내가 등산을 좋아하는 이유야.

Peter All the effort was worth it.
지금까지 수고를 들일 가치가 있었어.

 피터의 한마디

"I live for this taste." 이 문장을 직역해보면 좀 어색하게 느껴지죠? 물론 정말 어떤 음식의 맛 때문에 산다면 말이 되긴 해요. 한국은 역시 음식이 워낙 다양하고 맛있다 보니 이런 표현이 자연스럽게 나오나 봐요. 영국 음식… 맛은… 노코멘트 하겠습니다. 하지만 이런 감탄을 더 넓은 의미로 말하고 싶을 때는 영어로 "This is what I live for"라고 표현하면 딱이에요. "이걸 위해 내가 산다", "이 맛에 내가 사는 거지!" 오히려 한국어보다 더 간결하고 강렬할 수도 있어요. 그럼에도 전 "이 맛에 산다"라는 표현이 정말 매력적이라고 생각해요. 그래서 아직도… 한국의 맛 때문에 영국에 못 가고 있죠.

TIP

특정 대상이나 활동에 대한 애정을 표현하고 싶을 땐 그냥 'I live for' 뒤에 명사를 붙이면 돼요. "I live for Jinyoung!" "I live for football." "I live for Friday nights."

문장 활용해보기

**Playing football on a crisp autumn afternoon.
This is what I live for.**
선선한 가을 오후에 하는 축구, 이 맛에 사는 거지.

What do you live for? Work? Travel? Family?
너는 무슨 맛으로 살아가? 일? 여행? 가족?

직접 써보기

That is what I live for.

LESSON 056

소확행

피터, 혹시 '소확행'이라는 말 들어보셨나요? 요즘 한국에서 자주 쓰이는 표현인데 '소소하지만 확실한 행복'의 줄임말이에요. 크고 특별한 일이 아니더라도 일상 속 작은 순간에서 느끼는 기쁨을 뜻하는데요, 영국에서는 이런 감정을 어떻게 표현하나요?

joy in the simple things

DIALOGUE 일상 대화로 표현 익히기

Jinyoung **What did you do over the weekend?**
주말에 뭐 했어?

Peter **I just stayed home and read a book.**
그냥 집에 있으면서 책 읽었지.

Jinyoung **That sounds relaxing.**
듣기만 해도 힐링되네.

Peter **Yeah, it's the joy in the simple things.**
응, 소확행이야.

피터의 한마디

아빠가 되고 나서야 '삶은 소확행'이라는 걸 절실히 느꼈어요. 작고 확실한 행복들이 얼마나 자주, 그리고 얼마나 소중하게 다가오는지… (여기서 울면 안 되는데…) 자, 눈물 나기 전에 영어 표현부터 알아볼게요! '소확행', 한국어가 워낙 핫해서 그런지 외국 언론에서도 이 표현을 'a small but certain happiness'처럼 풀어서 소개한 경우가 있더라고요. 뉘앙스는 잘 살아있지만, 영어권에 원래부터 있던 표현은 아니에요. 하지만 비슷한 의미를 오래전부터 전해오던 영어 표현이 하나 있어요. 바로 'joy in the simple things'입니다. 작은 것들에서 느끼는 기쁨, 말만 들어도 마음이 따뜻해지죠.

TIP

특히 어르신들이 젊은 세대에게 조언이나 인생의 지혜를 건넬 때는 그 앞에 'take'를 붙여서 말해요. "Take joy in the simple things", "작은 것들에서 기쁨을 느끼렴!"

문장 활용해보기

It's joy in the simple things that makes someone truly happy.
소확행이 진짜 행복을 느끼게 해줘.

I can't even take joy in the simple things these days.
요즘은 그런 소확행조차 느끼기 힘들어.

직접 써보기

joy in the simple things

LESSON 057

무념무상

피터, 혹시 '무념무상無念無想'이라는 표현 들어본 적 있나요? '무'는 없을 무, '념'은 생각 념, 다시 '무'는 없을 무, 그리고 '상'은 생각 상으로, 말 그대로 '어떠한 생각도 없는 고요한 상태', 즉 완전히 마음을 비운 상태를 뜻해요. 영어로는 어떻게 말할 수 있을까요?

It's water off a duck's back.

 DIALOGUE 일상 대화로 표현 익히기

Jinyoung **You're probably getting too old for TV now.**
이제 TV 볼 나이는 좀 지난 거 아니야?

Peter **Me? I don't look over 40, do I?**
나 말이야? 내가 40이 넘어 보여?

Jinyoung **40? More like 50!**
40? 50에 더 가까운걸!

Peter **It's water off a duck's back. I know you're just jealous.**
무념무상이지, 뭐. 네가 질투하는 거 다 알아.

 **피터의 한마디**

주변에서 아무리 좋지 않은 말이나 공격이 들어와도 마음을 비우고 아무 생각 없이 고요한 상태, 그야말로 무념무상의 경지에 있을 때 자주 사용하는 표현이 바로 "It's water off a duck's back"입니다. 직역하면 '오리 등 위에서 물이 흘러내리는 것'이라는 뜻이에요. 영국에서는 오리를 자주 볼 수 있어서 이런 모습을 익숙하게 접하곤 하죠. 아무리 물이 많이 쏟아져도 그 물은 오리의 등으로 전혀 스며들지 않고 자연스럽게 흘러내리잖아요. 그래서 이 표현은 어떤 말이나 비판이 전혀 영향 없을 때, 특히 비판을 흘려보낼 때 비유적으로 사용돼요.

TIP

'duck'이라는 단어가 단순히 오리를 뜻한다고만 알고 계셨다면 놀라실 거예요. 영어에서는 머리를 숙여서 무언가를 피하다는 뜻으로도 자주 쓰입니다. 실제로 위험한 상황에서 누군가에게 "Duck!" 하고 외치면 그건 "머리 숙여!", 즉 빠르게 몸을 낮추라는 긴급한 명령이 되는 거죠.

문장 활용해보기

Just think of the comments as water off a duck's back. Don't let it affect you.
그 말들은 무념무상으로 넘겨버려. 마음에 담아두지 마.

It's not just water off a duck's back. It's hurtful.
그냥 무념무상할 일이 아니야. 상처가 될 거야.

직접 써보기

It's water off a duck's back.

LESSON 058

살펴가세요~

누군가와 작별할 때, 한국에서는 "살펴가세요~"처럼 따뜻하고 예의 바른 인사를 나눕니다. 단순한 작별 인사 그 이상으로, 상대의 안전과 평안을 바라는 따뜻한 마음이 담긴 말입니다. 영국식 영어에도 "Bye~"나 "Take care!"가 아닌 따뜻한 작별 인사가 있을까요?

Take care of yourself!

DIALOGUE 일상 대화로 표현 익히기

Jinyoung **Thanks for coming to see me today.**
오늘 나 보러 와줘서 고마워.

Peter **My pleasure — I'll see you again soon!**
별말을. 조만간 또 보자!

Jinyoung **Take care of yourself.**
몸 잘 챙기고.

Peter **I will, you too!**
응, 너도 잘 지내!

피터의 한마디

미국이나 영국에서는 작별 인사로 "Take care!"를 정말 자주 써요. 하지만 조금 더 따뜻하고 정중한 느낌을 전하고 싶을 땐 "Take care of yourself!"가 딱이죠. 여기서 중요한 포인트는 of를 꼭 넣어야 한다는 것! "Take care yourself"는 문법적으로 틀린 표현이에요. 이 말은 친구, 가족, 손님 누구에게나 쓸 수 있는 다정하고 배려 깊은 인사말입니다. 미국에서도 흔히 쓰이지만, 영국에서는 특히 좀 더 포멀하거나 진심 어린 작별 인사로 자주 쓰여요. "Bye"나 "See you"보다 부드럽고 따뜻한 분위기를 만들 수 있어서 진심을 담아 인사하고 싶을 때 정말 좋은 표현이에요.

TIP

"Take care of yourself"보다 좀 더 캐주얼한 표현으로는 "Take it easy"가 있어요. 꼭 "편히 쉬어"라는 의미만 있는 건 아니고, 부드러운 인사말처럼 "편하게 가~", "너무 무리하지 말고~" 같은 느낌으로 자주 쓰여요.

문장 활용해보기

It's getting cold out — take care of yourself!
밖이 추워지고 있어요. 살펴가세요!

Let me know when you get home safely, and take care of yourself.
집에 무사히 도착하면 연락 줘. 그리고 몸 잘 챙기고.

직접 써보기

Take care of yourself!

LESSON 059

화사하다

누군가 오늘따라 유독 예쁘고 환해 보일 때 한국어로는 "오늘 왜 이렇게 화사해 보여?"라고 말합니다. 그런데 이 '화사하다'는 느낌을 영국식 영어로는 어떻게 표현할까요? "You look like Hwasa"는 아니겠죠?

You are glowing.

" DIALOGUE 일상 대화로 표현 익히기

Jinyoung **Did you do something different today?**
오늘 뭔가 달라 보이는데?

Peter **Just a bit of skincare and blush.**
그냥 스킨케어 좀 하고 블러셔 살짝 발랐어.

Jinyoung **Well, you are glowing!**
와, 진짜 화사한데!

Peter **Aww, thanks. That makes me feel so happy.**
아웅, 고마워. 그 말 들으니까 너무 기분이 좋아.

피터의 한마디

Hwasa는 가수 이름이니까 아니죠! "You are glowing"은 단순한 외모 칭찬이 아니에요. 건강하고 행복해 보여서 마치 안에서부터 은은하게 빛이 나는 듯한 느낌을 줄 때 쓰는 표현이죠. "You are shining"이 광이 나는 느낌이라면, 'glow'는 조금 더 부드럽고 자연스러운 생기, 윤기를 말해요. 특히 피부가 맑고 환해 보일 때 자주 쓰이죠. 예를 들어 임산부에게도 "She's glowing"이라고 표현하곤 하는데, 그만큼 기분 좋고 생기가 있다는 뜻이에요. 미국과 영국 모두에서 널리 쓰이고, 화장품 광고에도 정말 자주 등장해요. 단순히 예쁘다는 의미를 넘어서, '안에서부터 밝아 보인다'는 느낌이라 더 특별하답니다.

TIP

'radiant'는 'glowing'보다 조금 더 격식 있고 우아한 느낌을 주는 표현이에요. 예를 들어 "You look radiant today"라고 하면 단순히 예쁘다는 의미를 넘어서, 밝고 생기 넘치며 행복해 보인다는 뉘앙스를 담고 있어요.

문장 활용해보기

You're absolutely glowing in that dress.
그 드레스 입으니까 정말 화사해 보이네.

She was glowing with happiness at her wedding.
그는 결혼식에서 행복으로 반짝이고 있었어.

직접 써보기

You are glowing.

LESSON 060

일찍 좀 자!

밤늦게까지 스마트폰을 붙잡고 있는 영국인 친구에게 한마디 해주고 싶었어요. "피터, 제발 일찍 좀 자!" 한국어로는 참 간단한데, 이 말을 영국식 영어로 어떻게 강렬하게 표현하면 좋을까요?

Go to bed early!

 DIALOGUE 일상 대화로 표현 익히기

Jinyoung **I'm so tired this morning.**
나 오늘 아침 너무 졸려.

Peter **Why? Did you stay up late again?**
왜? 또 늦게 잤어?

Jinyoung **Yeah, I watched a film until 2 in the morning.**
응. 새벽 2시까지 영화 봤어.

Peter **Then of course you're tired! Go to bed early today!**
졸린 게 당연하네. 오늘은 일찍 좀 자!

Jinyoung **Alright, alright.**
알겠어, 알겠어.

피터의 한마디

한국은 어릴 때부터 영국보다 상대적으로 늦게 자는 편이죠. 반면 영국에서는 많은 초등학생들이 늦어도 밤 8시에서 9시 사이에는 잠자리에 듭니다. 그래서 "Go to bed early!(일찍 좀 자!)"는 영국 부모들이 자주 쓰는 표현이랍니다. 여기서 흥미로운 점은 sleep(자다) 대신 bed(침대)라는 단어가 쓰인다는 것! "Go to bed"는 말 그대로 침대로 가라는 의미로, 상대가 아직 침대에 눕지 않았을 때 더 자연스럽게 쓰이는 표현이에요. 물론 "Go to sleep"도 가능하지만, 상황에 따라 뉘앙스가 조금 달라진답니다.

TIP

좀 더 캐주얼하고 덜 명령조로 들리는 표현을 쓰고 싶다면 "Get an early night"이라고 말해보세요. 직역하면 "일찍 밤을 맞이해라"라는 말이지만, 실제로는 "오늘은 일찍 자"라는 자연스럽고 부드러운 조언의 뉘앙스를 담고 있어요.

문장 활용해보기

If you don't go to bed early you'll be tired.
일찍 자지 않으면 피곤할 거야.

I don't want to go to bed early.
일찍 자고 싶지 않아.

직접 써보기

Go to bed early!

CHAPTER 3 일상의 표현

LESSON 061

그냥 차려준 대로 먹어

정성껏 밥을 차려줬는데, 이것도 싫다 저것도 싫다며 투정을 부리는 아이 때문에 속이 타들어 갑니다. 우리 아이만 "이건 안 먹어! 저건 싫어!" 이러는 건 아니라고 생각하는데요. 그렇다면 피터, 영국에서는 아이가 이렇게 편식할 때 어떤 표현을 쓸까요?

Just eat what's in front of you!

 DIALOGUE 일상 대화로 표현 익히기

Jinyoung **Dad, I don't like salad!**
아빠, 나 샐러드 안 좋아해.

Peter **Well, just eat the chicken and potatoes.**
그럼 그냥 닭하고 감자만 먹어.

Jinyoung **I don't want chicken today and I had potatoes at school.**
오늘 닭 먹기 싫고, 감자는 학교에서 먹었어.

Peter **Just eat what's in front of you!**
그냥 차려준 대로 먹어!

Jinyoung **Dad!!!**
아빠!!!

피터의 한마디

전 세계 어디를 가든 아이 밥 먹이는 건 부모의 공통된 고민이죠. 표현도 비슷하게 쓰이곤 하고요. 물론 밥 먹이는 스타일은 문화마다 다릅니다. 예를 들어 한국에서는 밥숟가락 들고 쫓아다니며 한 입씩 먹여주는 광경이 익숙하지만, 영국에서 이런 모습은 좀처럼 보기 어렵죠. 그렇다고 영국 부모들이 늘 인자한 천사 같은 건 아닙니다. 아이가 차려준 밥에 불만을 늘어놓고 편식할 때, 특히 긴 하루를 마치고 지친 저녁엔 결국 이렇게 외치게 되죠. "Just eat what's in front of you!" 직역하면 "앞에 있는 거 그냥 먹어!"라는 뜻인데, 사실상 "있는 대로 먹고 투정 좀 그만해"라는 뜻에 가까운 말입니다. 참고로 한국에는 반찬 문화가 있고 학교 급식에서도 선택권이 거의 없기 때문에, 평균적으로는 한국 아이들이 영국 아이들보다 채소나 다양한 영양식을 더 많이 접하고 편식도 덜 심한 편이에요.

TIP

"Finish what's on your plate"는 "네 접시에 있는 건 다 먹어", 즉 음식을 남기지 말고 마무리하라는 뜻의 표현이에요. 서양에서는 한국처럼 밥그릇, 국그릇보다 접시(plate) 위에 음식을 담아 먹는 문화가 일반적이기 때문에 이런 표현이 자연스럽게 자주 쓰입니다.

문장 활용해보기

Just eat what's in front of you before you order dessert.
디저트 시키기 전에 차려준 것부터 먹어.

You didn't even eat what was in front of you.
차려준 것조차 먹지 않았잖아.

직접 써보기

Just eat what's in front of you!

LESSON 062

엎어지면 코 닿을 데

피터, 한국에서는 무언가 아주 가까운 거리에 있을 때 "엎어지면 코 닿을 데"라는 표현을 써요. 말 그대로 앞으로 벌러덩 엎어지기만 해도 코가 닿을 만큼 가깝다는 뜻이죠. 그렇다면 영국에서는 '진짜 코앞'을 강조하고 싶을 때 어떻게 표현할까요?

within spitting distance

DIALOGUE 일상 대화로 표현 익히기

Jinyoung **Can you give me a lift to the library?**
도서관까지 태워줄 수 있어?

Peter **It's within spitting distance. You can walk.**
엎어지면 코 닿을 데에 있잖아. 그냥 걸어가.

Jinyoung **But my foot hurts, Dad.**
그렇지만 발이 아픈걸, 아빠.

Peter **Oh, alright then. But only this once.**
그럼 알겠어. 대신 이번 한 번만이야.

피터의 한마디

영국에서도 가까운 거리를 표현할 때 한국과 비슷한 비유를 사용해요. 어떤 시설이나 건물이 아주 근처에 있을 때는 "It's within spitting distance"라고 말하죠. 직역하면 '침 뱉으면 닿을 거리'라는 뜻인데요. 영국에서는 무언가가 아주 가까이 있을 때 이 표현을 자주 씁니다. 다소 직설적인 표현이지만 짧은 거리나 가까운 장소를 강조할 때 아주 효과적이에요. 이 말을 쓰면 대부분의 영국 사람들은 바로 이해하고 웃으며 고개를 끄덕일 겁니다!

TIP

진짜 얼굴 코 앞에 있을 때는 "It's right in front of your nose"라는 표현을 씁니다. 예를 들면 휴대폰이나 안경 등이 바로 앞에 있을 경우에 쓰죠.

문장 활용해보기

The pub is within spitting distance.
펍은 엎어지면 코 닿을 데에 있어.

There are three hotels within spitting distance.
엎어지면 코 닿을 거리에 호텔 3개가 있어.

직접 써보기

within spitting distance

장롱면허

피터, '장롱면허'라는 한국식 표현을 들어본 적 있나요? 면허는 땄지만 오랫동안 운전을 하지 않아서 실제 운전 감각이 없는 사람을 말해요. 혹시 영국에도 이런 사람을 가리키는 문구가 있을까요?

Sunday driver

DIALOGUE 일상 대화로 표현 익히기

Jinyoung **Why are we moving so slowly?**
왜 이렇게 천천히 움직이는 거야?

Peter **There's a car ahead driving at 20 miles per hour.**
앞차가 시속 20마일로 달리고 있거든.

Jinyoung **Oh, it's just a Sunday driver.**
아휴, 또 장롱면허 운전이네.

Peter **Great, now we're going to be late.**
이러다 우리가 지각하겠어.

피터의 한마디

한국에서 '장롱면허'라는 단어는 보통 면허를 딴 후 오랫동안 운전을 하지 않아서 실제로는 운전 실력이 부족한 사람을 일컫는 표현이에요. 영국에도 이와 비슷한 맥락의 표현이 있는데, 바로 'Sunday driver'예요. 주로 주말에만 운전하는 사람을 가리키는데요, 평소에 운전을 자주 하지 않아서 운전 실력이 서툴고 느린 사람을 말할 때 씁니다. 영국에서는 전통적으로 일요일이 쉬는 날이라, 도로 위 분위기도 한결 느긋하고 여유롭거든요.

TIP

누군가 도로에서 너무 느릿느릿하거나 어설프게 운전할 때, 짜증 섞인 말투로 "What a Sunday driver!"라고 말하곤 합니다. 꼭 일요일에만 쓰는 건 아니고, 답답한 운전자를 보며 하는 표현이지요.

문장 활용해보기

I hate these Sunday drivers blocking the roads.
장롱면허 운전자들 때문에 길이 막히잖아. 진짜 싫어.

Typical Sunday driver! You shouldn't be on the road.
전형적인 장롱면허네! 도로에 나오면 안 되는 수준인걸.

직접 써보기

Sunday driver

LESSON 064

한턱 쏴!

"한턱 쏴!"라는 말, 들어보셨어요? 누군가 축하할 일이 있거나 분위기 좋을 때, "오늘은 네가 내라~"라는 식으로 많이 쓰는 표현이에요. 영국식 영어에도 이렇게 누군가에게 자연스럽게 돈을 내라고(?) 하는 표현이 있을까요?

Dinner is on you!

 DIALOGUE 일상 대화로 표현 익히기

Jinyoung **I can't believe I forgot my wallet.**
지갑을 잃어버리다니 믿을 수 없어.

Peter **Don't worry about it.**
걱정하지 마.

Jinyoung **Well, I guess dinner is on you!**
그럼 네가 한턱 쏴야겠네!

Peter **Just this once, next time it's your turn.**
이번 한 번만이야. 다음엔 네 차례야.

 **피터의 한마디**

이 표현을 처음 들었을 땐 "턱? Jaw? 턱을 어떻게 쏘지?" 하고 헷갈렸어요. 영어에는 '턱'을 중심으로 한 표현은 없고, 구체적으로 무엇을 쏘는지를 명확히 말해야 해요. 술이면 drinks, 밥이면 lunch인지 dinner인지 정확하게 지정해야 하죠. 외국에서 가장 흔하게 '쏘는' 건 아마 저녁 식사일 거예요. 그래서 "저녁 한턱 쏴!"를 영어로 표현하면 이렇게 돼요. "Dinner is on you!" 직역하면 '저녁값은 네 몫이다'라는 느낌이죠.

TIP

좀 더 일반적으로 "It's on you"라고 하면 "그건 네가 내는 거야"라는 뜻으로 다양한 상황에 쓸 수 있어요. 반대로 "내가 쏠게!"라고 말하고 싶다면 you 대신에 me를 넣어서 "It's on me!"라고 하면 됩니다.

문장 활용해보기

With a raise like that, dinner is on you tonight!
월급이 그 정도로 올랐으면 오늘 저녁은 한턱 쏴!

Is dinner on you next week?
다음 주에 저녁 쏠 거야?

직접 써보기

Dinner is on you!

LESSON 065

택시비가 비싸요

영국 여행을 준비하다 보면 꼭 듣게 되는 말이 있죠. "거기 택시비 진짜 비싸!" 그래서 택시 잡기가 망설여질 것 같기도 한데요. 그렇다면 택시비가 비싸다고 말하고 싶을 때 어떻게 표현하면 자연스러울까요?

The fare is dear!

 DIALOGUE 일상 대화로 표현 익히기

Jinyoung How much are taxis in the UK?
영국에서는 택시 요금이 얼마나 해?

Peter Much more than in Korea. **The fares can be really dear.**
한국보다 훨씬 부담스러워. 택시비가 정말 비쌀 수 있어.

Jinyoung Oh. So, should I take public transport when I'm there then?
아, 그럼 영국에선 대중교통을 타는 게 낫겠네?

Peter It's a good way to save money on your trip.
여행 경비를 아끼려면 그게 좋은 방법이야.

 **피터의 한마디**

영국은 블랙캡(Black Cab) 택시로 정말 유명하죠. 이 택시가 악명 높은 이유는 바로 비용 때문이에요. 1마일(약 1.6km)만 타도 평균 16,000원 정도가 나올 수 있어요. 그래서 오늘 배울 이 표현은 영국 택시에 딱 어울리는 말입니다. 물론 최근 10년간 한국 택시 요금도 많이 올라서 이제는 더 이상 '싸다'고 하긴 어렵지만, 그래도 영국에 비하면 아직은 양반이죠! 비싸다는 말은 대부분 expensive만 알고 계시겠지만, 이번에는 찐 영국식 표현을 하나 알려드릴게요. 바로 "The fare is dear"입니다. 즉 "요금이 비싸요"라는 뜻인데요, 여기서 fare는 택시 요금 같은 운임을 의미하고, dear는 '값이 많이 나가는'이라는 뜻입니다.

TIP

dear는 우리가 편지에 쓰는 'Dear 누구누구'의 그 dear입니다. 원래 dear는 '소중한, 값진'이라는 의미를 담고 있어서 편지에서는 애정 어린 호칭으로 쓰이고, 영국식 영어에서는 이 뜻이 확장돼서 '값이 많이 나가는, 비싼'의 의미로도 자주 쓰여요. 이런 식의 용법은 미국보다는 영국에서 훨씬 더 많이 사용된답니다.

문장 활용해보기

70 pounds? That is dear for a meal.
70파운드라고? 식사치고는 너무 비싸네.

The fare is a bit too dear for me. I'll just walk.
요금이 나한테는 좀 비싸. 그냥 걸어갈게.

직접 써보기

The fare is dear!

LESSON 066

맛집 추천해주세요

피터, 한국에서는 누군가에게 맛있는 음식점을 추천해달라고 할 때 "맛집 추천해주세요!"라고 해요. '맛집'이란 말은 그냥 맛있는 식당이라는 뜻인데, 정말 자주 쓰는 표현이에요. 그런데 영국식 영어에도 이런 표현이 있을까요? 혹시… 영국에 맛집이 아예 없는 건 아니겠죠?

Where's a good place to grab a bite?

DIALOGUE 일상 대화로 표현 익히기

Jinyoung I'm getting a little hungry now.
슬슬 배가 고프네.

Peter Well, I have to go to my next meeting, so…
아, 난 다음 미팅이 있어서 가봐야 하는데…

Jinyoung No worries. **Where's a good place to grab a bite?**
걱정하지 마. 간단히 뭐 먹기 좋은 맛집이 있을까?

Peter There's a great bibimbab place on the corner.
저기 모퉁이에 비빔밥 맛집이 있어.

 **피터의 한마디**

여러 번 말했죠?! 영국, 특히 런던은 정말 맛집 천국이에요! 중식당, 인도 요리, 이탈리안 레스토랑 등등 세계 각국의 음식을 얼마나 맛있게 하는지 몰라요. 그런데 '맛집'이라는 표현을 영어로 옮기면 조금 어색해질 수 있어요. tasty restaurant라고도 할 수는 있지만, 원어민들이 더 자주 쓰는 말은 그냥 good restaurant예요. 즉, '좋은 식당'이라는 표현이죠. 그런데 맛있는 식당을 좀 더 자연스럽게, 원어민스럽게 묻고 싶다면 이렇게 말하면 돼요. "Where's a good place to grab a bite?" 여기서 place는 '집'이나 '식당' 대신 쓸 수 있는 말로, 어떤 장소든 자연스럽게 물어볼 때 자주 써요. 그리고 grab a bite는 정말 재미있는 표현인데요, grab은 '잡다', bite는 '물다'라는 뜻이죠. 비유적으로는 '소량의 음식', 혹은 간단한 한 끼 정도를 뜻해요. 그래서 grab a bite는 한국말로 하면 '요기하다', '간단히 뭐 먹다'라는 뉘앙스가 돼요.

TIP

'Grab'이라는 동남아 앱의 이름, 정말 찰떡같지 않나요? 점심 한 끼든 시내 이동이든 grab a ride처럼 뭐든지 빠르게 '잡을' 수 있다는 의미가 딱 들어맞아요.

문장 활용해보기

Where's a good place to grab a bite in London?
런던에서 간단히 먹기 좋은 맛집 있을까?

I can tell you a good place to grab a bite for lunch.
점심에 간단히 먹기 좋은 맛집 하나 알려줄게.

직접 써보기

Where's a good place to grab a bite?

LESSON 067

발로 차지 마

영화관에서 긴장감 넘치는 장면을 보고 있는데 갑자기 내 의자가 툭! 다시 툭! 알고 보니 뒷사람이 계속 발로 의자를 차고 있었어요. 한두 번은 참지만 계속 반복되면 결국 짜증이 폭발하죠. 이럴 때 한국어로는 "발로 차지 마!" 하고 한마디 툭 던지게 되는데요. 영국식 영어로는 어떻게 자연스럽게 표현할 수 있을까요?

Quit kicking my seat!

DIALOGUE 일상 대화로 표현 익히기

Jinyoung Did someone just kick your seat again?
방금 또 누가 네 의자를 찼어?

Peter Yes! I already told them,
"**Quit kicking my seat!**"
응, 아까도 "발로 차지 마세요!"라고 말했는데 말이야.

Jinyoung Is it a kid?
애야?

Peter It's just an annoying adult.
그냥 진짜 짜증 나는 어른이야.

 피터의 한마디

영화관에서 뒷사람이 계속 의자를 발로 찰 때 정말 딱 한마디만 말하고 싶어지는 순간이 있죠. 그럴 때 간단하면서도 효과적인 표현이 바로 "Quit kicking my seat!"입니다. 짧고 강하게, 그리고 분위기를 확 잡을 수 있는 말입니다. 물론 "Stop kicking my chair"도 문법적으로 틀린 건 아니지만, 영화관에서는 보통 chair보다는 seat라고 표현하는 게 자연스러워요. 또한 stop보다 quit을 쓰면 더 캐주얼하면서도 단호한 느낌을 줄 수 있어요. 이 표현은 영국보다는 미국에서 흔하게 쓰이긴 하지만, 저도 개인적으로 영화관 같은 공공장소에서는 이 말이 더 실용적이라고 생각해요. 짧고, 강하고, 분명하니까요.

TIP

화가 났을 때는 "Quit it!"이라고 간단히 말해도 충분히 의사 전달이 됩니다.

문장 활용해보기

Hey, quit kicking my seat. I'm trying to watch the movie.
저기요, 의자 그만 좀 차세요. 영화 보고 있잖아요.

Quit kicking my seat or I'll call the usher.
발로 차지 마세요, 아니면 안내원 부를 겁니다.

직접 써보기

Quit kicking my seat!

LESSON 068

주말이 순삭이네

회사원이라면 다 공감할 거예요. 주말은 진짜 순식간에 사라지고, 월화수목금은 왜 그렇게 길고 느린 건지… 시간이 안 가는 게 하루하루 체감됩니다. 그럴 때마다 문득 떠오르는 '주말 순삭'이라는 말, 영국식 영어로는 어떻게 표현할 수 있을까요?

Weekends go by in a flash.

DIALOGUE 일상 대화로 표현 익히기

Jinyoung I hate Mondays so much.
난 월요일이 너무 싫어.

Peter I know. **The weekends go by in a flash** and then it's back to work.
나도 그래. 주말은 순삭이고 금방 또 출근이잖아.

Jinyoung I'm going to take off next Monday.
다음 주 월요일에는 그냥 쉬려고.

Peter I wish we didn't have to come to work every Monday.
매주 월요일마다 출근하지 않아도 된다면 얼마나 좋을까.

피터의 한마디

영국도 마찬가지예요. 주말은 정말 순삭입니다. 금요일 저녁부터 월요일 아침까지 시간이 왜 그렇게 빛의 속도로 지나가는지 모르겠어요. 바로 그런 맥락에서 쓸 수 있는 영어 표현이 'go by in a flash'인데요, 여기서 flash는 '번쩍임', '불빛', '잠깐 비추는 빛'을 의미해요. 그래서 'in a flash'는 '눈 깜짝할 사이에', '순식간에'라는 뜻이 되고 'go by'는 '지나가다'이니까, 'go by in a flash'는 곧 '순식간에 지나가다'라는 의미가 되죠. 이 표현을 쓸 때 앞에 무엇이 순식간에 지나가는지를 붙이면 돼요. 예를 들어 weekend는 주말이라는 뜻인데, 특정 주말이 아니라 일반적으로 모든 주말이 그렇다는 의미를 말하고 싶다면 복수형으로 weekends를 써야 해요. 그래서 이렇게 말하죠. "Weekends go by in a flash(주말이 순식간에 지나가네)."

TIP

'in a flash' 대신 사용할 수 있는 표현으로 'in the blink of an eye'도 추천해요. 직역하면 '눈을 한 번 깜빡이는 사이', 즉 '순식간에', '아주 짧은 시간 안에'라는 뜻이에요.

문장 활용해보기

Why is it that only the weekends go by in a flash?
왜 주말만 이렇게 순삭인 거야?

It's Sunday already?! The weekend went by in a flash.
벌써 일요일이라고? 주말이 진짜 순삭이네.

직접 써보기

Weekends go by in a flash.

LESSON 069

세상 참 좁다

한국은 비교적 작은 나라라서 그런지 건너건너 아는 사람이 꼭 한 명쯤은 있는 경우가 많습니다. 그럴 때 우리말로 "세상 참 좁다"라는 표현을 자주 써요. 그렇다면 이런 상황을 영국식 영어로는 어떻게 표현할 수 있을까요?

What a small world!

 DIALOGUE 일상 대화로 표현 익히기

Jinyoung **This is my boyfriend Andrew.**
여긴 내 남자 친구 앤드루야.

Peter **Oh my god!**
He's my best friend from primary school.
세상에! 나랑 초등학교 때부터 제일 친한 친구잖아.

Jinyoung **What a small world!**
세상 참 좁네.

Peter **I know! He's a great guy.**
그니까! 얘 정말 좋은 애야.

피터의 한마디

저도 정말 궁금한 게 있어요. "세상 참 좁다"라는 표현은 과연 한국어가 먼저일까요, 영어가 먼저일까요? 왜냐하면 영어 표현인 "What a small world!"랑 너무 똑같잖아요! 여기서 'What a~'는 감탄할 때 쓰는 표현이에요. 한국어에서 '참'이나 '정말' 같은 느낌을 주죠. 예를 들어 어떤 사람이 참 대단하면 남자에겐 "What a man!", 여자에겐 "What a woman!" 이런 식으로 표현해요. 그리고 이 표현 하면 또 생각나는 게 있죠? 바로 디즈니랜드의 유명한 놀이기구 'It's a Small World'! 세계 여러 나라를 배경으로 아기자기하게 꾸며놓고 아이들이 수상 보트를 타고 둘러보던 놀이기구였죠.

TIP

참고로, 문장 앞에 What이 들어가도 질문이 아니라 감탄문이라는 점! 그러니까 끝에 물음표(?)가 아니라 느낌표(!)를 쓰는 게 맞아요.

문장 활용해보기

Jenny? What are you doing in London?
What a small world!
제니? 런던에서 뭐 하는 거야? 세상 참 좁다!

It's a small world.
I ran into two school friends on holiday in Japan.
세상 참 좁더라. 일본 여행 중에 학교 친구를 두 명이나 우연히 만났지 뭐야.

직접 써보기

What a small world!

LESSON 070

알록달록

가끔 피터 영상을 보면 알록달록한 색깔의 옷도 참 잘 입더라고요. 마냥 화려한 게 아니라 여러 가지 색이 섞여 있어서 더 눈에 띄는 것 같아요. 혹시 영어에도 '알록달록하다'처럼 풍성한 색채를 나타내는 표현이 있을까요?

colourful

DIALOGUE 일상 대화로 표현 익히기

Jinyoung **Where did you get that shirt from?**
그 셔츠 어디서 샀어?

Peter **This is from Harrods Department Store in London.**
런던에 있는 헤로즈 백화점에서 샀어.

Jinyoung **It's so colourful!**
정말 알록달록하네!

Peter **Well, I am an extravert!**
뭐, 나는 외향적인 사람이니까!

피터의 한마디

'알록달록'이라는 말, 참 예쁘고 재미있는 표현이죠? 여러 가지 밝고 다양한 색깔이 한데 어우러질 때 쓰는 말인데요, 영어에서도 비슷한 느낌을 전할 수 있는 단어가 있어요. 바로 'colourful'입니다. colourful은 단순히 색이 많다는 뜻을 넘어서 선명하고 다채로운, 때로는 개성이 강한 느낌까지 담고 있어요. 제가 한국에 왔을 때 문화 차이로 느꼈던 것 중 하나가 사람들의 옷 색깔이나 자동차 색상이 좀 더 차분하다는 거였어요. 흰색, 검정, 회색 계열이 정말 많더라고요. 반면 영국에서는 길거리에서 알록달록한 옷이나 형형색색의 자동차도 쉽게 볼 수 있어요.

TIP

여기서 또 하나 주의할 점은 영국식 영어와 미국식 영어의 철자 차이입니다. 영국식은 colourful, 미국식은 colorful로 씁니다. −ou와 −or의 차이를 기억세요.

문장 활용해보기

I know they may not suit me but
I love really colourful clothes.
나한테 잘 안 어울릴 수도 있다는 건 알지만, 알록달록한 옷이 정말 좋아.

I don't know what to say.
The scarf is so… colourful. Thank you.
뭐라고 해야 할지 모르겠어. 이 스카프는 정말… 알록달록하네. 고마워.

직접 써보기

colourful

LESSON 071

새싹반

최근에 동네 문화센터에서 영어를 배우기 시작했어요. '새싹반'이라서 모든 수강생이 기초부터 영어를 배우는데, 문득 궁금해졌어요. '새싹반'을 영국식 영어로는 어떻게 표현할 수 있을까요?

newbie class

 DIALOGUE 일상 대화로 표현 익히기

Jinyoung **I want to learn Korean at school.**
학교에서 한국어를 배우고 싶어.

Peter **There are free classes starting this week.**
이번 주에 무료 수업이 시작돼.

Jinyoung **But I think they'll be too advanced for me.**
근데 나한테는 너무 어려울 것 같아.

Peter **No. There is always a newbie class starting up.**
아니야. 새싹반도 항상 열려.

 피터의 한마디

저도 이제 라디오 방송에 출연한 지가 벌써 15년쯤 됐는데요, 처음에는 새로운 청취자분이 문자를 보내면 번호 옆에 새싹 아이콘이 뜨는 걸 보고 "어? 이거 뭐예요?" 하고 물어본 적이 있어요. 처음 문자 보내는 분을 표시하는 거라고 하더라고요. 너무 귀엽지 않나요? 영어로도 '새싹'이라는 단어는 sprout라고 해서 아이들 별명처럼 쓰는 경우가 있어요. 엄마, 아빠, 삼촌, 이모가 어린아이를 부를 때 말이죠. 하지만 '새싹반'을 영어로 옮길 때 'sprout class'라고 하면 많이 어색해요. 차라리 요즘 한국어에서도 자주 쓰이는 '뉴비(newbie)'라는 표현을 쓰는 게 더 자연스럽죠. 그래서 'newbie class'라고 하면 처음 시작하는 사람들의 반이라는 의미가 잘 살아나요.

TIP

조금 더 딱딱하게 말하면 'beginner class'도 괜찮습니다. 하지만 저는 항상 조금 더 재밌고 센스 있는 표현을 추천해드리고 싶어요! 괜찮으시죠?

문장 활용해보기

I can't wait to be out of this newbie class.
I feel like I don't know anything.
이 새싹반에서 얼른 벗어나고 싶어. 아무것도 모르는 것 같은 느낌이야.

James is in the newbie class. He only arrived last month.
제임스도 새싹반에 있어. 지난달에 막 도착했거든.

직접 써보기

newbie class

LESSON 072

고소한 냄새

한국어는 맛을 표현하는 말이 정말 풍부하다고들 하죠. 그중에서도 영어로 옮기기 어려운 단어 중 하나가 바로 '고소하다'예요. 가령 음식 냄새가 고소할 때, 영국식 영어로는 어떻게 표현하면 좋을까요?

savoury aroma

 DIALOGUE 일상 대화로 표현 익히기

Jinyoung **I am so hungry right now.**
나 지금 진짜 배고파.

Peter **Me too. What's that delicious smell?**
나도. 근데 이 맛있는 냄새는 뭐야?

Jinyoung **Hmm. It's a savoury aroma.**
음, 고소한 냄새인데.

Peter **It must be popcorn! I want some now.**
팝콘 같아! 지금 당장 먹고 싶어.

피터의 한마디

고소하거나 구수한 계열의 맛이나 향기를 영어로 표현하기는 참 까다롭죠. 특히 한국어에는 정말 미묘한 맛의 표현이 많은데, 영어에는 그걸 정확히 딱 집어 말해주는 단어가 드물어요. 고소한 맛은 보통 견과류나 씨앗류에서 많이 느껴지죠. 예를 들어 참깨나 해바라기씨 같은 거요. 이럴 때 영어에서는 'nutty'라는 표현을 자주 씁니다. 하지만 된장찌개 같은 고소한 향이 날 때는 말 그대로 견과류 같은 맛을 말하는 nutty가 좀 어울리지 않죠. 그래서 이런 경우에 가장 범용적으로 쓸 수 있는 단어가 바로 'savoury'입니다. 사실 savoury는 한국어로도 딱 맞게 번역하기 어려운 단어예요. 사전에는 '맛 좋은, 향긋한, 풍미 있는' 등으로 나오는데, 제 생각엔 고소한 냄새에 이 표현이 제일 적절한 것 같아요. 그리고 냄새를 말할 때 smell보다는 aroma를 쓰면 좀 더 고급스럽고 긍정적인 향기 느낌이 나기 때문에 추천드려요.

TIP

아, 철자도 하나 짚고 넘어가야겠네요! 영국식 영어에서는 savoury, 미국식 영어에서는 savory라고 합니다. 즉, -our와 -or의 차이가 있다는 것도 기억해두세요.

문장 활용해보기

What's that savoury aroma coming from the kitchen?
부엌에서 나는 이 고소한 냄새는 뭐야?

The savoury aroma of the bread makes it mouthwatering.
빵의 고소한 냄새가 군침 돌게 하네.

직접 써보기

savoury aroma

순산하세요

유학 시절 만났던 외국인 친구가 곧 아기를 낳는다고 하네요. 한국에서는 이런 경우 자연스럽게 "순산하세요"라고 말해요. 건강하고 안전하게 출산하기를 바라는, 따뜻한 마음이 담긴 인사죠. 그런데 영국에서는 출산을 앞둔 친구에게 어떤 말을 해줄까요?

I wish you a safe and healthy delivery.

DIALOGUE 일상 대화로 표현 익히기

Jinyoung Only two months to go until I give birth.
출산까지 이제 두 달밖에 안 남았어.

Peter I can't believe you're having a baby.
네가 아기를 낳는다니 아직 믿기지 않아.

Jinyoung I'm so nervous, but everyone is telling me it will be fine.
너무 긴장되지만, 그래도 다들 괜찮을 거라고 말해줘.

Peter It will be! I wish you a safe and healthy delivery.
분명 그럴 거야! 순산하길 바랄게.

피터의 한마디

"순산하세요"라는 말과 딱 들어맞는 영어 표현은 없는 것 같아요. 있다고 해도 한국처럼 자주 말로 하지는 않죠. 그래도 한국이 저출생을 극복(!)하기를 바라는 마음에서, 영어로 어떻게 표현하면 좋을까 고민해봤어요. 그러다 보니 좋은 표현이 하나 떠오르더라고요. 바로 "I wish you a safe and healthy delivery"입니다. 여기서 delivery는 아마 다들 delivery food(배달 음식)에서 한번쯤 본 적 있을 거예요. 그런 맥락에서 보면 좀 웃기게 느껴질 수도 있지만, 영어에서는 아이를 낳는 것도 'deliver a baby'라고 표현해요. '아기를 세상에 전달한다'는 의미에서 나온 거죠. 그래서 'safe and healthy delivery'는 '안전하고 건강한 출산'을 뜻하고요, 그 앞에 'I wish'를 붙여줍니다.

TIP

"I wish you…"는 소원을 빌 때도 쓰지만, 축복이나 덕담, 또는 간절한 바람을 전할 때 쓰는 표현이에요.

문장 활용해보기

My mum wishes you a safe and healthy delivery.
우리 엄마가 순산하시길 바란다고 전해달래요.

I had a safe and healthy delivery, thank you.
순산했어요, 감사합니다.

직접 써보기

I wish you a safe and healthy delivery.

LESSON 074

전화가 안 터져

예전에 영국 여행 중 지하철을 탔는데 갑자기 연락이 끊겼던 적이 있어요. 친구한테 "전화가 안 터져!"라고 했죠. 한국에서는 통신이 잘 안될 때 "전화 안 터진다"는 표현을 자주 쓰는데, 영국식 영어로는 전화가 안될 때 어떻게 자연스럽게 말할 수 있을까요?

I'm not getting any reception.

 DIALOGUE 일상 대화로 표현 익히기

Jinyoung **Can you hear me? Hello?**
내 말 들려? 여보세요?

Peter **No, I'm not getting any reception.**
아니, 전화가 안 터져.

Jinyoung **Should I call you back later?**
나중에 다시 전화할까?

Peter **Yeah, the signal here is terrible.**
응, 여기 신호가 너무 안 좋네.

 **피터의 한마디**

한국은 어디서나 전화가 잘 터져서 정말 신기해요! 영국은 아직도 신호가 약한 지역이 꽤 많거든요. 혹시 'no antenna' 같은 표현이 먼저 떠오르셨다면, 영국에서는 "I'm not getting any reception"이 훨씬 더 자연스럽다는 사실을 알려드립니다. 여기서 reception은 우리가 흔히 아는 호텔 리셉션이 아니라 신호를 받는다는 의미예요. '수신하다'라는 의미의 동사 receive에서 파생된 명사 reception이요. 그래서 "I lost reception"이라고 하면 "신호가 끊겼어"라는 뜻이 됩니다.

TIP

참고로 영국에선 reception, 미국에선 signal을 더 자주 쓰는 편이랍니다.

문장 활용해보기

I'm not getting any reception in this basement.
이 지하에선 전화가 안 터져.

Sorry, I lost reception when I went into the tunnel.
터널에 들어가니까 전화가 안 터지네, 미안해.

직접 써보기

I'm not getting any reception.

LESSON 075

우리 아기는 순해요

얼마 전에 친구 아기를 보고 왔는데 낯선 사람이 앞에 있는데도 방긋방긋 웃기만 하는 거예요. 친구도 "우리 아기는 순해"라며 인정하더군요. 피터, 영국에서는 "아기가 순하다"는 말을 어떻게 표현하나요?

Our little one is so chill.

 DIALOGUE 일상 대화로 표현 익히기

Jinyoung Your baby is sleeping so peacefully!
네 아기 정말 평화롭게 자고 있네.

Peter Yeah, our little one is so chill.
응, 우리 애는 진짜 순해.

Jinyoung You're lucky. Mine screams all day!
부럽다. 우리 애는 하루 종일 소리 지른다니깐!

Peter I feel truly thankful, trust me.
진심으로 감사하게 생각하고 있어, 정말이야.

피터의 한마디

이번 표현은 한국에서 "아기가 순하다"라고 할 때 쓰는 말입니다. 아기에게 자연스럽게 쓰는 표현은? 바로 "Our little one is so chill"입니다. 여기서 chill은 '차분하고 편안한' 상태를 말해요. 무던하고 울거나 떼쓰지 않는 성격을 말할 때 딱 어울립니다. chilly(춥다)와는 전혀 다른 뜻이니 헷갈리지 마세요! 또한 little one은 말 그대로 '작은 아이'라는 뜻인데, 영국이나 미국에서 아기를 귀엽게 부를 때 자주 쓰는 표현이에요. 줄여서 LO라고도 하며, 부모 커뮤니티나 인터넷 카페에서도 자주 보입니다. 참고로 어른한테도 "You're so chill"이라고 말하면 성격이 느긋하고 급하지 않다, 즉 쿨하고 여유로운 사람이라는 의미로 쓰여요.

TIP

영어로는 pure나 calm 같은 단어가 떠오를 수 있지만, 이건 조금 다르게 쓰여요. pure는 '순하다'보다는 '순수한', '깨끗한'이라는 뜻에 더 가깝고, calm은 주로 어른에게 많이 쓰는 표현이에요.

문장 활용해보기

Our little one is so chill, he barely cries.
우리 아기는 진짜 순해. 거의 울지도 않아.

You're lucky your baby is so chill. Mine is a little monster!
네 아기는 순해서 좋겠다. 우리 애는 완전 작은 괴물이야.

직접 써보기

Our little one is so chill.

영국 이모저모 3

신사 Gentleman

자, 한번 상상해보세요. '영국 신사'라는 개념은 수세기 동안 이어져왔어요. 중세 시대로 거슬러 올라가보면, 기사와 기사도 정신을 떠올리게 되죠. 그 당시 '신사'란 좋은 가문에서 태어나고 이름 앞에 멋진 타이틀을 붙일 수 있는 사람을 의미했어요. 하지만 19세기로 넘어오면서 그 개념은 점점 달라지기 시작합니다. 신사가 된다는 건 더 이상 태생이나 가문이 아니라 '어떻게 행동하느냐'에 달려 있게 된 거예요. 이제 신사란 매너와 책임감을 갖추고 잘 교육받은 사람, 그리고 예의 바르고 배려 깊은 사람을 말합니다.

영국 영화나 드라마를 본 적 있다면, 이 '신사'라는 이미지와 한번쯤 마주쳤을 거예요. 예를 들어 〈브리짓 존스의 일기〉의 마크 다시를 떠올려보세요. 약간 우울하고 다소 어색하지만, 누구보다 따뜻하고 신뢰할 수 있는 사람. 조용하고 신중하며 속엔 금보다 귀한 마음을 지닌 사람. 그는 영국 신사의 전형적인 예시입니다.

또 다른 예는 〈셜록〉 시리즈의 셜록 홈스죠. 예리한 두뇌, 흔들림 없는 침착함, 강한 정의감. 조금 괴짜이긴 하지만, 그는 여전히 신사적이에요. 지적이고 도덕적인 기준을 가지고 그에 따라 행동하죠.

하지만 흥미로운 건 이 '영국 신사'라는 개념도 시대에 따라 변화해왔다는 거예요. 예전엔 딱딱한 상류층 이미지, 권위적인 분위기가 강했지만 지금은 훨씬 유연하고 포용적인 모습으로 바뀌었어요. 요즘엔 '어디 출신인가'보다 '사람을 어떻게 대하는가'가 더 중요하죠. 멋진 타이틀이 없어도 매너와 존중, 진정성만 있다면 누구나 신사가 될 수 있어요. 그건 모든 상황에서 품위와 존엄을 지키는 태도와 관련되어 있죠.

현대의 영국 신사란 어떤 사람일까요? 단정한 옷차림과 멋진 말투만을 뜻하지 않아요. 이제는 감정적 지능, 공감 능력, 관계를 배려하는 섬세함까지 포함됩니다. 거창한 제스처보다 작은 행동들 속에서 진심을 보여주는 사람이 신사입니다.

즉, '영국 신사'라는 개념은 귀족적 뿌리에서 출발했지만, 이제는 누구든 도달할 수 있는 넓은 이상ideal으로 진화했어요. 그것은 좋은 사람이 되려는 노력, 그리고 그 속에 살짝 묻어나는 영국 특유의 매력이 더해진 모습이죠.

오늘의 문장
"You look absolutely splendid!" (정말 멋져 보여!)

정장을 차려입은 젠틀한 스타일, 예를 들어 제임스 본드처럼 고전적인 수트 차림에 딱 어울리는 말이죠. 그래서 우아하고 품격 있는 옷차림을 보고 감탄할 때 자주 쓰입니다. 또한 'splendid'는 그 자체로 동의를 표현할 때 쓸 수 있어요. 예를 들어 누군가 좋은 제안을 했을 때 "Splendid!"라고 답하면, "아주 좋아!"라는 긍정적인 답변이 됩니다.

CHAPTER 4

사회생활의 표현
Social Life

LESSON 076

왜 나만 시켜

회사 생활을 하다 보면 꼭 반복해서 특정 사람에게만 일이 몰릴 때가 있죠. 저만 그런가요? 속으로는 "왜 나만 자꾸 시켜?"라는 억울함과 짜증이 치밀어 오르는데, 이렇게 가슴이 답답할 때 영어로는 어떻게 표현하면 좋을까요?

Why always me?!

 DIALOGUE 일상 대화로 표현 익히기

Jinyoung **Peter, can you take care of this task too?**
피터, 이것도 좀 맡아줄 수 있어?

Peter **Wait… why always me?!**
잠깐만… 왜 나만 시켜?

Jinyoung **Because you're the best at everything!**
네가 뭐든 제일 잘하니까!

Peter **Ugh, that's not helping me feel better right now!**
으윽… 지금 그 말은 전혀 위로가 안 돼요!

피터의 한마디

딱 맞는 표현이 있어요! "Why always me?!" 문법적으로는 약간 어색한 표현이지만, 실제 원어민들이 정말 자주 써요. 원래는 "Why me?"가 문법적으로 맞지만, "왜 항상 나야?" 같은 불만을 강조하고 싶을 때 always를 중간에 넣는 거죠. 좀 더 찡찡대는 느낌도 있고요. 비슷한 표현으로는 "Why me all the time?"도 있지만, 임팩트는 "Why always me?!"가 단연 최고예요. 불평할 때 살짝 귀엽게(?) 써보세요!

TIP

"Why always me?!"라는 표현은 사실 이탈리아 출신의 축구 선수 마리오 발로텔리 덕분에 유명해졌어요. 그가 골을 넣은 뒤 셔츠를 걷었는데, 속에 "Why always me?"라는 문구가 적혀 있었거든요. 항상 논란의 중심에 서 있던 그가 "왜 문제만 생기면 항상 나야?"라고 외친 셈이죠.

문장 활용해보기

They ask me to stay late every day. Why always me?!
매일 나보고 야근하라고 해. 왜 나만 시켜?!

Every time there's extra work… Why always me?!
일이 생기면… 왜 나만 시켜?!

직접 써보기

Why always me?!

LESSON 077

진행시켜!

'진행시켜!' 하면 떠오르는 사람이 있죠? 바로 코미디언 황제성! 원래는 한국 드라마나 영화에서 자주 나오던 명령조의 대사이지만, 황제성이 자주 써서 이제는 유행어처럼 굳어졌는데요. 영국에서 이 말을 하고 싶다면 뭐라고 해야 할까요?

Go ahead with it!

 DIALOGUE 일상 대화로 표현 익히기

Jinyoung I'm thinking of opening a fried chicken place.
나 치킨집을 해볼까 생각 중이야.

Peter Do you have enough money?
자금은 충분히 있고?

Jinyoung Yeah, I just need to decide if it's the right thing to do.
응, 이게 진짜 맞는 선택일지 결정하기만 하면 돼.

Peter Then **go ahead with it!** It's better than regretting not doing it later on.
그럼 진행시켜! 나중에 그때 할걸 후회하는 것보단 낫잖아.

피터의 한마디

저도 이제 황제성이 한 것만 생각나네요. 하도 "진행시켜!"를 많이 외쳐서요. 사전에서는 '진행'을 progress라고 하지만 '진행시켜'라는 표현은 영어로 "Go ahead with it"이 더 잘 맞아요. go ahead는 말 그대로 '앞으로 가다'보다는 누군가가 허락을 구할 때 "그래, 해도 돼요"라는 승인의 의미로 자주 쓰이는 표현이에요. 그런 상황에선 yes 대신 쓸 수 있을 정도로 흔하죠. "Go ahead with it"은 뭔가 고민하던 일에 대해 "그래, 이제 밀고 나가자"는 느낌이 강해서 "진행시켜"와 가장 비슷한 뉘앙스를 주는 표현이에요. 물론… "진행시켜!"라고 외칠 때의 그 맛이 영어로 잘 안 살아나는 건 인정합니다.

TIP

한 단어로 '진행하다'를 말하고 싶다면 proceed라는 단어를 쓸 수 있어요. 짧고 간단하게 표현할 때 유용하지만, 다소 격식 있고 포멀한 느낌을 줍니다.

문장 활용해보기

Just go ahead with it! We'll deal with any problems later.
그냥 진행시켜! 문제는 나중에 해결하지 뭐.

Can I go ahead with it?
I don't want to do it without approval.
그냥 진행시켜도 될까? 허가 없이 하고 싶진 않은데.

직접 써보기

Go ahead with it!

LESSON 078

자리를 비웠어

제가 일하는 회사는 외국 본사에서 전화가 자주 옵니다. 부재 중인 직원을 찾을 때 "자리에 없어요"라는 말을 영어로 어떻게 자연스럽게 말해야 할지 늘 헷갈려서 매번 어색하게 대답한 것 같아요. 피터, 해결해주세요~

They're not at their desk right now.

DIALOGUE 일상 대화로 표현 익히기

Jinyoung **Hello. SBS Radio, how may I help you?**
안녕하세요, SBS 라디오입니다. 무엇을 도와드릴까요?

Peter **Can I speak with Yeong Cheol?**
영철 씨랑 통화할 수 있을까요?

Jinyoung **They're not at their desk right now. Can I take a message?**
지금 자리를 비웠는데요, 메모 전해드릴까요?

Peter **Please tell him to call Peter back as soon as possible.**
피터한테 최대한 빨리 전화 달라고 전해주세요.

피터의 한마디

각국의 언어 차이를 살펴보면 참 흥미로운 점이 많죠. 이 표현도 그중 하나예요. 한국어로는 "자리를 비웠다"라고 말하지만, 영어에서는 '자리(seat)'보다는 '책상(desk)'을 중심으로 표현해요. 그래서 "They're not at their desk right now"라고 하죠. 여기서 right now는 '지금 당장'이라는 뜻도 있지만, '현재 잠시 자리를 비웠다'는 느낌이라 곧 돌아올 수도 있다는 뉘앙스를 줘요. 또 한 가지! they는 꼭 두 사람 이상을 뜻할 때만 쓰는 게 아니라 성별을 말하고 싶지 않거나 모를 경우 한 사람을 지칭할 때도 쓸 수 있는 표현입니다.

TIP

참고로 한국어의 '자리'를 영어로 seat로 옮기는 경우가 있는데, 이는 주로 콘서트 좌석이나 극장처럼 지정석이 있는 상황에 더 적절해요. 사무실의 경우는 desk가 자연스럽습니다.

문장 활용해보기

I'm sorry, John is not at his desk right now. He'll be back within 10 minutes.
죄송합니다. 존은 지금 자리를 비웠습니다. 10분 내에 돌아올 거예요.

If they're not at their desk right now, can you ask them to call me back?
그가 지금 자리를 비웠다면, 이따가 제게 전화 좀 달라고 전해주시겠어요?

직접 써보기

They're not at their desk right now.

LESSON 079

첫 거래 감사합니다

어제 제 딸을 위한 통장을 처음 만들었어요. 거기에 10만 원을 입금했는데, 통장에 이렇게 적혀 있더라고요. "첫 거래 감사합니다." 그 한 줄을 보는 순간, 괜히 마음이 따뜻해졌어요. 이 표현을 영국식 영어로는 어떻게 적을 수 있을까요?

Thank you for your first deposit.

DIALOGUE 일상 대화로 표현 익히기

Jinyoung On behalf of the bank, thank you for your first deposit.
은행을 대표해서, 첫 거래 감사합니다.

Peter Well, I hope it is the first of many.
앞으로 자주 거래하게 되길 바랍니다.

Jinyoung I'm sure it will be, Mr. Bint. I am a big fan of yours.
분명히 그럴 거예요, 빈트 씨. 전 당신의 팬이거든요.

Peter Oh, that is so lovely of you to say.
아, 그렇게 말씀해주시니 정말 감사합니다.

 **피터의 한마디**

이 표현은 말로 하기보다는 서류나 통장에 적혀 있을 때가 많죠. 특히 통장 안에요. 참고로 영국에서는 실물 통장을 어른들에게는 거의 안 줘요. 요즘엔 대부분 종이 한 장으로 계좌 내역을 인쇄해 보내주거나 온라인으로 확인하죠. 그런데 한국에서는 아직도 실물 통장을 요구하는 경우가 있어서 처음엔 좀 당황했어요. 오히려 이건 예전 영국, 1980~90년대쯤 방식 같더라고요. 아무튼 서론이 길었네요! 이번에 소개할 표현은 "첫 거래 감사합니다"입니다. 이 말은 보통 계좌에 처음으로 돈이 입금됐을 때 쓰이죠. 영어로는 "Thank you for your first deposit"입니다. deposit은 보증금이란 뜻도 있지만, '입금'이라는 의미도 있어요.

TIP

'thank you' 대신에 영국에서는 'cheers'라는 표현을 더 캐주얼하게 자주 써요. 원래는 건배할 때 쓰는 말이지만, 일상 대화에서는 고마움을 표현할 때도 사용됩니다.

문장 활용해보기

**Thank you for your first deposit with our bank.
We will do our best to serve you well.**
저희 은행과 첫 거래 감사합니다. 최선을 다해 모시겠습니다.

**Awh, that's so sweet. It says
'Thank you for your first deposit' in my bank book.**
아, 정말 귀엽다. 내 통장에 '첫 거래 감사합니다'라고 적혀 있어.

직접 써보기

Thank you for your first deposit.

LESSON 080

자리 맡아놓는 법이 어딨어요?

카페, 식당, 공연장 같은 곳에서 자리를 간신히 찾았는데 누군가 가방 하나 툭 던져놓고는 "거기 제 자리예요"라고 하면 정말 억울하죠. 이럴 때 속으로는 "자리 맡아놓는 법이 어딨어요!"라고 외치고 싶어집니다. 영국에서는 이런 상황에 어떤 표현을 쓰나요?

Since when can you reserve a spot?

DIALOGUE 일상 대화로 표현 익히기

Jinyoung **Hey! That's my seat.**
저기요! 거기 제 자리예요.

Peter **Really?**
Since when can you reserve a spot?
진짜로요? 자리 맡아놓는 법이 어딨어요!

Jinyoung **I was just here two minutes ago.**
2분 전까지 여기 있었거든요.

Peter **Then maybe stay in your seat next time!**
그럼 다음부터는 자리를 계속 지키고 계시죠!

피터의 한마디

이 표현은 정말 자주 쓸 수 있어요. 특히 비꼬는 말투로 말할 때 아주 효과적이죠. "Since when can you reserve a spot?"은 직역하면 "언제부터 자리를 예약할 수 있었어?"라는 뜻이지만, 진짜로 예약 시스템이 있다는 얘기가 아니라 "네가 뭔데 그걸 마음대로 정해?", "뭐 그렇게 대단한 사람이라도 되는 줄 아나?" 하고 빈정거리는 뉘앙스가 담겨 있어요. 여기서 spot은 공간, 자리를 뜻하는 일반적인 표현이고, seat은 보통 의자가 있는 자리에 더 자주 쓰여요. reserve는 '예약하다'라는 뜻이지만 이 문장에서는 "네가 지정할 권한이라도 있어?"라는 의미의 반어법이에요. 영국식 영어에서는 이런 식의 비꼬는 의문문 표현이 자주 쓰입니다.

TIP

"Since when?"이라고 단독으로만 말해도 뉘앙스가 전달됩니다. "그게 언제부터 가능한 일이었냐?", 즉 "너한테 그런 권한이 있었어?"라는 의미죠.

문장 활용해보기

Someone left their bag here for 30 minutes?
Since when can you reserve a spot like that?
누가 가방 하나 던져두고 30분이나 자리를 비웠다고?
그런 식으로 자리 맡아놓는 법이 어딨어?

Since when can you reserve a spot? / Well, I own this cafe.
자리 맡아놓는 법이 어딨어요? / 글쎄, 제가 이 카페 주인이거든요.

직접 써보기

Since when can you reserve a spot?

LESSON 081

대기 걸어놨어?

한국에선 식당이나 병원 등에 '대기를 걸었다'고 자주 말합니다. 요즘엔 앱으로 대기를 거는 경우도 많고요. 그런데 영국에서는 식당에 대기가 많으면 아예 안 가는 경우가 많다고 들었어요. 그래도 혹시 "우리 대기 걸어놨어?" 같은 말을 영국식 영어로 표현할 수 있나요?

Did you put us on the waiting list?

> **DIALOGUE** 일상 대화로 표현 익히기
>
> **Jinyoung** There's a long queue at the restaurant.
> 식당에 줄이 엄청 길어.
>
> **Peter** **Did you put us on the waiting list?**
> 대기 걸어놨어?
>
> **Jinyoung** Yeah, they said it'll be about 20 minutes.
> 응, 한 20분 정도 걸린대.
>
> **Peter** Alright, let's wait in the car then.
> 그래, 그럼 차에서 기다리자.

피터의 한마디

사실 그 말이 맞아요. 웨이팅 있는 집은 굳이 안 가고, 차라리 줄 없는 곳을 찾게 되죠. 그렇다고 텅텅 빈 곳을 선호하는 건 또 아니고요. 그럼에도 "Did you put us on the waiting list?"는 일상에서 자주 쓰이는 표현이에요. 'put someone on the waiting list'는 '누구를 대기 명단에 올리다'라는 뜻으로, 이름이나 전화번호를 남기는 상황을 포함합니다. 영국이든 미국이든 모두 자연스럽게 쓰이고요. 특히 영국에서는 'queue(줄)'라는 표현도 자주 써요. 예를 들면 줄을 서 있을 땐 "We're in the queue"라고 말하죠. 하지만 식당 대기 상황에서는 waiting list가 가장 직관적이고 정확한 표현입니다.

TIP

같은 의미지만 더 캐주얼하게 말하고 싶을 때는 "Did you put our name down?"이라는 표현을 자주 써요. 식당 예약, 병원 대기자 명단, 심지어 파티 참석자 리스트까지 어떤 종류의 명단이든 이름을 올렸는지 물어볼 때 자연스럽게 쓰는 표현이에요.

문장 활용해보기

I called ahead and put us on the waiting list.
미리 전화해서 대기 걸어놨어.

Make sure you put your name on the waiting list when you get there.
거기 도착하면 꼭 대기부터 걸어놔.

직접 써보기

Did you put us on the waiting list?

LESSON 082

시비 걸지 마

누군가 나한테 계속 시비를 걸거나 괜히 꼬투리를 잡고 놀릴 때 한국어로는 보통 이렇게 말하죠. "시비 걸지 마." 장난이든 진심이든, 이유는 몰라도 자꾸 나만 콕 집어서 뭐라고 하면 짜증도 나고 억울한 기분이 드는데요. 이럴 때 영국식 영어로는 어떻게 말하나요?

Stop picking on me!

 DIALOGUE 일상 대화로 표현 익히기

Jinyoung **Why are you wearing socks with sandals?!**
너 왜 샌들에 양말을 신은 거야?

Peter **Stop picking on me!**
시비 걸지 마!

Jinyoung **I'm just saying it's a fashion crime.**
그냥 패션 범죄라고 말하는 것뿐이야.

Peter **Let me live my life!**
내 인생 좀 살게 내버려둬!

피터의 한마디

이번 표현은 누가 자꾸 놀리거나 건드릴 때 쓰는 말! 바로 "Stop picking on me!"입니다. 여기서 'pick on + 사람'은 '누구를 놀리다, 괴롭히다, 시비 걸다'라는 뜻이에요. 상대가 꼭 때리거나 거칠게 굴지 않아도, 계속 지적하거나 잔소리하거나 귀찮게 구는 상황에 잘 어울립니다. 예를 들어 친구가 패션을 놀리면서 계속 뭐라고 할 때 "Hey, stop picking on me~" 이렇게 장난스럽게 받아넘기기에도 좋은 표현이에요. 여기서 중요한 포인트! 꼭 'on'을 써야 자연스럽습니다. pick me라고 하면 전혀 다른 뜻! "날 골라줘"라는 말이 돼버려요. 〈프로듀스 101〉의 〈Pick Me〉기억나시죠? 그 노래의 가사는 진짜 "저요! 저요! 뽑아주세요!"라는 뜻이니까 문맥이 완전히 다릅니다.

TIP

'pick'이라는 단어는 정말 다양한 뜻을 가지고 있어요. 예를 들어 'pick a team'은 팀을 고르다, 즉 선택의 의미죠. 하지만 'pick your nose'는 코를 고르다(?)가 아니라, 바로 '코를 파다'라는 뜻이에요!

문장 활용해보기

Stop picking on me just because I'm younger!
내가 어리다는 이유로 시비 좀 걸지 마!

They always pick on the new guy at work. It's so annoying!
직장에서 신입한테 항상 시비를 걸어. 진짜 짜증 나!

직접 써보기

Stop picking on me!

LESSON 083

말꼬리 잡지 마

상대가 자꾸 사소한 말 한마디, 문법 실수나 단어 선택 하나하나를 꼬집고 들어올 때 우리는 보통 이렇게 말하죠. "말꼬리 잡지 마." 말투나 표현 하나로 시비가 걸리는 상황은 정말 피곤한데요, 영국식 영어로 이런 경우 어떻게 표현하나요?

Stop nitpicking!

 DIALOGUE 일상 대화로 표현 익히기

Jinyoung You said 'was' instead of "were"!
너 'were' 대신에 'was'라고 했어!

Peter Ugh, **stop nitpicking!**
아, 말꼬리 잡지 마!

Jinyoung I'm just helping you improve your English!
네 영어 실력을 늘리려고 도와주는 거잖아!

Peter You're just being annoying!
넌 그냥 잔소리 중이야!

피터의 한마디

이번 표현은 누가 사소한 걸 하나하나 집요하게 트집 잡을 때 쓰는 말! 바로 우리가 흔히 말하는 "말꼬리 잡지 마!", "잔소리 그만해~" 같은 상황이죠. 혹시 'talk tail' 같은 표현이 떠오르셨나요? 음… 그건 아니고요. 제가 정확히 알려드릴게요! "Stop nitpicking!"입니다. 여기서 nit는 바로 '이(머릿니)'를 뜻해요. 즉 nitpicking은 머릿니를 하나하나 골라내듯 필요 이상으로 사소한 걸 트집 잡는 행동을 말합니다. 재미있는 점은 "I'm not nitpicking(나 말꼬리 잡는 거 아냐~)"이라고 말해도 이미 약간 얄밉고 방어적인 느낌이 들어서 진짜 조심해서 써야 하는 표현이라는 거예요.

TIP

nit와 헷갈릴 수 있는 단어가 바로 knit(뜨개질하다)인데요, 발음은 똑같지만 뜻은 완전히 다릅니다. 누군가 실수로 "Stop knitpicking"이라고 말하면… 마치 뜨개질을 잘못했다고 뭐라 하는 것처럼 들릴 수도 있어요.

문장 활용해보기

Stop nitpicking every little thing I say!
내 말 하나하나 말꼬리 잡지 마!

I know it's not perfect, but don't nitpick. Focus on the big picture.
완벽한 건 아니지만, 말꼬리 잡지 말고 전체적인 흐름에 집중해줘.

직접 써보기

Stop nitpicking!

LESSON 084

출입 금지

건물 안을 걷다 보면 문 앞에 딱 붙어 있는 '출입 금지' 표지판을 가끔씩 볼 수 있습니다. 굉장히 직관적이고 눈에 잘 들어오는 한국어 표현이죠. 그렇다면 영국에서는 어떤 표현을 써야 가장 자연스럽고 공식적인 느낌을 줄까요?

No entry.

DIALOGUE 일상 대화로 표현 익히기

Jinyoung **Can I go in there?**
저기 들어가도 돼?

Peter **Nope. Look at the sign— No entry.**
안 돼. 표지판 봐. 출입 금지야.

Jinyoung **Oh, is it dangerous or something?**
어, 위험한 곳인가?

Peter **Just… stay out. Seriously.**
그냥… 들어가지 마. 진심이야.

 피터의 한마디

"들어오지 마!"라고 굳이 말로 하기보다는 공공장소나 시설 입구에 딱 붙어 있는 말이 있죠. 바로 "No entry"입니다. "No enter"라고 생각할 수도 있지만, enter는 동사라서 그렇게 말하지는 않습니다. 여기서 entry는 명사로 '입장, 들어옴'이라는 뜻이고, No entry는 '입장 금지'를 뜻하는 공식적인 표현이에요. 비슷한 표현으로 No entrance도 볼 수 있지만, 그건 보통 '여기는 입구가 아닙니다' 또는 '입구 아님'에 더 가까운 의미예요. 그래서 "들어가지 마"라는 의도로는 No entry가 훨씬 정확하고 자연스럽습니다. 문 앞에 딱 붙여두는 경고나 안내 문구라면? "No entry." 이 한마디로 충분합니다.

TIP

말로 표현할 땐 상황에 따라 "You're not allowed in here" 또는 "You're banned from my room"처럼 문장 형태로 바꿔 말하는 게 더 자연스러워요.

문장 활용해보기

This door is staff only. No entry beyond this point.
이 문은 직원 전용이에요. 여기서부터는 출입 금지입니다.

There's a 'No entry' sign for the lab. Don't go in.
실험실에 '출입 금지' 표지가 붙어 있어. 들어가지 마.

직접 써보기

No entry.

사서 고생이다

꼭 그렇게까지 안 해도 되는 괜히 복잡한 방법을 택하거나 힘든 길을 스스로 골라가는 사람을 보면 주변에서 한마디씩 하죠. "아유, 사서 고생하네~" 이럴 때 한국어의 "사서 고생이다"라는 말은 살짝 안타까워하면서도 약간 웃긴 뉘앙스를 담고 있어요. 이런 상황을 영국식 영어로 어떻게 표현하면 자연스러울까요?

You made things difficult for yourself.

 DIALOGUE 일상 대화로 표현 익히기

Jinyoung **Why didn't you just buy the pre-cut fruit?**
그냥 손질된 과일 사지 그랬어?

Peter **I thought whole pineapples were cheaper….**
통파인애플이 더 쌀 줄 알았지….

Jinyoung **And now you're stuck with a knife and a mess.**
그래서 지금 칼이랑 난장판을 벌이고 있는 거야.

Peter **Yeah… I really made things difficult for myself.**
맞아… 괜히 사서 고생했네.

피터의 한마디

저도 종종 그래요. 돈 좀 아껴보겠다고 통파인애플을 샀다가 칼질에 10분이나 쓰고 결국 손까지 다치는 일이 생기죠. 이럴 때 딱 맞는 표현이 바로 "You made things difficult for yourself"입니다. 말 그대로 '스스로 상황을 더 복잡하게 만들었다'는 의미예요. 비슷한 느낌으로 "Don't make things difficult for yourself"라고 말하면 "그냥 편하게 좀 해~ 굳이 그렇게까지 할 필요 있어?" 같은 가벼운 충고나 잔소리 느낌을 줄 수 있어요. 영국에서도 실수했을 때나 자업자득인 상황에서 농담처럼 "I really made things difficult for myself"라고 자주 써요. 짧지만 공감 100%를 얻을 수 있는 표현입니다.

TIP

'ask for trouble'이라는 표현도 있는데, 이건 주로 싸움을 자초하거나 위험한 상황을 일부러 만든 경우에 더 많이 씁니다.

문장 활용해보기

You knew traffic would be bad. Why'd you leave so late?
You made things difficult for yourself.
교통 체증이 심할 걸 뻔히 알면서 왜 그렇게 늦게 나왔어? 사서 고생한 거야.

Don't overthink it.
You're just making things difficult for yourself.
너무 복잡하게 생각하지 마. 괜히 사서 고생하고 있잖아.

직접 써보기

You made things difficult for yourself.

LESSON 086

인맥이 넓다

한국에서는 '인맥이 넓다'라는 표현을 많이 씁니다. 사람과의 관계, 즉 '누구를 아느냐'가 학업, 취업, 사회생활 등 다양한 분야에서 중요한 영향을 끼치기 때문인데요, 그렇다면 이처럼 사람들과의 연결망이 넓은 상태를 영어로 어떻게 표현할 수 있을까요? 그리고 '인맥'이라는 개념 자체가 영국에도 있을까요?

know everyone and their dog

DIALOGUE 일상 대화로 표현 익히기

Jinyoung **How do you know so many people in this pub?**
이 펍에 있는 사람들을 어떻게 다 아는 거야?

Peter **I've lived in this town my whole life.**
난 평생 이 동네에서 살았거든.

Jinyoung **Wow.**
You know everyone and their dog.
와, 인맥이 넓구나.

Peter **Pretty much, it's only a small town.**
뭐, 그렇지. 여긴 작은 동네거든.

피터의 한마디

영국에서도 인맥은 정말 중요해요. 특히 영국은 아직도 귀족과 왕실이 존재하는 나라여서 혈연, 학연, 지연 같은 관계를 무시할 수 없죠. 결국 '인맥이 넓다'는 건 사람을 많이 알고 있다는 것이기도 한데요, 그래서 영어에는 'know everyone and their dog'라는 표현이 있어요. 직역하면 '모든 사람과 그 사람의 강아지까지 안다'는 말이에요. 영국은 한국보다 훨씬 오래전부터 반려견 문화가 발달한 나라예요. 옛 사냥 문화의 영향으로 다양한 견종이 생겨났고, 마당이 있는 집도 많은 데다 공원도 많아서 강아지를 키우는 게 아주 자연스러워요. 그래서 어떤 사람이 정말 많은 사람들과 친분이 있을 때 강아지까지 안다고 과장해서 표현하는 거예요. 다만 이 표현은 '인맥이 넓다'라기보다는 얼굴을 아는 사람이 많다는 의미에 가깝습니다.

TIP

"It's a dog's life"라는 표현도 있어요. 힘들고 불행한 인생, 고된 삶을 뜻하는 말이에요. 이 표현이 생겨난 이유는 예전에는 개가 천대받고 거칠게 살아가는 동물로 여겨졌기 때문이에요. 팍팍하고 고단한 인생을 비유적으로 표현하는 말인 거죠.

문장 활용해보기

Just how do you know everyone and their dog in this city?
도대체 이 도시 사람들을 어떻게 죄다 아는 거야?

He knows everyone and their dog, so be nice to him.
그는 인맥이 넓으니까, 잘 대해줘.

직접 써보기

know everyone and their dog

LESSON 087

입장 바꿔 생각해봐

결혼 생활을 오래 했다면 "입장 바꿔서 생각해봐!"라는 말을 아마 1,000번은 넘게 했을 거예요. 물론 진짜로 그렇게 생각해보라는 뜻이기도 하지만, 사실은 남편 기를 살짝 죽이고 너도 이제 내 처지가 얼마나 힘든지 좀 깨달아 보라는 마음도 있죠. 피터는 이럴 때 어떻게 말하나요?

Think of it from my point of view!

DIALOGUE 일상 대화로 표현 익히기

Jinyoung **The boss wants us to work overtime.**
상사가 우리 보고 야근하래.

Peter **Well, we do have an important sales meeting tomorrow.**
뭐, 내일 중요한 영업 미팅이 있긴 하지.

Jinyoung **Think of it from my point of view. I have dinner with my girlfriend's mum tonight.**
입장 바꿔 생각해봐. 오늘 저녁에 여자 친구 어머니와 약속이 있다고.

Peter **So what will you choose? Your love life or your job?**
그럼 뭘 선택할 거야? 사랑 아니면 일?

 **피터의 한마디**

오래된 관계에서 이 말은 꼭 듣게 되는 것 같아요. 항상 이렇게 해야 한다는 건 알지만, 자꾸 깜빡하게 되죠. 저도 앞으로 아내 입장에서 더 많이 생각해보겠습니다. 이럴 때 쓸 수 있는 영어 표현이 있어요. 'change' 같은 단어를 굳이 쓰지 않아도 돼요. 그냥 직역하듯이 "Think of it from my point of view"라고 하면 됩니다. 여기서 point of view는 '입장'이라는 뜻이에요. 물론 view는 전망이나 경치를 뜻하기도 하지만, 이렇게 어떤 사안에 대한 관점을 나타낼 때도 쓰여요. 한국어의 '역지사지'와 비슷하지만, 뉘앙스는 살짝 다릅니다.

TIP

조금 더 비유적인 표현을 쓰고 싶다면 "Put yourself in my shoes"도 있어요. 말 그대로 '내 신발을 신어봐', 즉 '내 입장이 되어봐'라는 뜻이죠.

문장 활용해보기

**Can you think of it from my point of view?
I'm struggling too.**
입장 바꿔 생각해줄 수 있어? 나도 힘들어.

**If you think about it from my point of view,
I'm sure you'll forgive me.**
네가 나랑 입장 바꿔 생각해보면, 분명 나를 용서해줄 거야.

직접 써보기

Think of it from my point of view!

LESSON 088

딴사람이 됐어

사람이 변해도 너무 변하면 우리는 놀라서 이렇게 말합니다. "와, 딴사람이 됐네!" 오랜만에 만났는데 외모부터 분위기까지 싹 달라졌을 때 이런 감탄이 절로 나오곤 해요. 피터도 분명 살면서 비슷한 상황을 겪어봤을 텐데요, 영국에서는 이런 순간에 어떻게 반응하나요?

You're a completely different person.

 DIALOGUE 일상 대화로 표현 익히기

Jinyoung **Is that you Peter? Peter Bint?**
너 피터야? 피터 빈트?

Peter **Yes! I lost a bit of weight since we last met.**
응! 우리가 마지막으로 만난 이후로 살을 좀 뺐어.

Jinyoung **You're a completely different person!**
완전 딴사람이 됐네!

Peter **Thanks.**
I changed my hairstyle and my fashion as well.
고마워. 머리 스타일이랑 패션도 바꼈어.

피터의 한마디

누군가 스타일이 확 바뀌었거나 머리를 완전히 다르게 했을 때 "딴사람이 됐네"라고 하죠. 영어로는 'different person'이라는 표현을 써요. 좀 더 강조하고 싶을 땐 'completely'를 붙여서 "You're a completely different person"이라고 말하면 좋습니다. 이 표현은 보통 긍정적인 의미로 많이 쓰이지만, 상황에 따라 부정적인 뉘앙스로도 사용할 수 있어요. 예를 들어 연인 사이에서 태도가 심하게 달라졌을 때 "You're a completely different person. I don't know you anymore(넌 완전 딴사람이 됐어. 이제 너를 모르겠어)"라고 할 수 있어요. 이처럼 문맥에 따라 감정의 색이 달라지는 표현이에요.

TIP

영어에서는 주어를 항상 명확하게 써야 해요. 한국어에선 "딴사람이 됐네"처럼 주어를 생략하는 경우가 많지만, 영어에서는 'You are'를 꼭 붙여야 자연스럽죠.

문장 활용해보기

You know you're a completely different person now you have a boyfriend. You never call or text anymore.
남자 친구 생기고 나더니 딴사람이 됐네. 이젠 전화도, 문자도 안 하잖아.

**Are you sure you're Mary?
From your looks to your personality,
you're a completely different person.**
정말 네가 메리 맞아? 외모부터 성격까지, 완전 딴사람이 됐네.

직접 써보기

You're a completely different person.

LESSON 089

감 잡았어

처음부터 뭘 잘하는 사람은 거의 없죠. 하지만 계속하다 보면 어느 순간, '어? 이제 좀 알겠다' 하는 때가 옵니다. 그럴 때 우리는 "감 잡았어"라고 말하는데요, 이 표현을 영국식 영어로는 어떻게 말할 수 있을까요?

I got the knack of it!

 DIALOGUE 일상 대화로 표현 익히기

Jinyoung **I can't tie up my shoelaces, Dad!**
아빠, 나 신발 끈 못 묶겠어!

Peter **You have to keep trying and you will succeed.**
계속 연습하면 반드시 성공할 수 있을 거야.

Jinyoung **No! I already tried twice.**
싫어! 이미 두 번이나 해봤단 말이야.

Peter **Remember to put one loop over the other first.**
먼저 고리를 하나 만들고 그 위에 또 다른 끈을 얹어봐.

Jinyoung **Aha! I got the knack of it!**
아하! 이제 감 잡았어!

피터의 한마디

제가 지금 라디오를 잘한다는 얘기를 하려는 건 절대 아닙니다. 처음 시작했을 땐 정말 너무 긴장돼서 땀도 나고 귀도 빨개져서 계속 만지작거리니까 피디님이 절 자르려고 했던 것 같아요. 그게 벌써 15년 전 일이에요. 그런데 하다 보니까 이제는 저도 어느 정도 감을 잡은 것 같아요. 진짜 천만다행이죠. 안 그랬으면 지금 이 '진영영 패밀리'도 못 만났을 뻔했잖아요. 자, 여기서 영국식 영어 표현을 하나 소개할게요. 다른 영어권 나라와 조금 다른데요, "I got the knack of it"이라고 합니다. 여기서 knack이라는 단어는 평소에 잘 안 쓰이지만 뭔가 요령이나 감을 잡았을 때 딱 맞는 표현이에요. "이제 알겠다! 아하 이거였구나!" 할 때 자주 쓰죠. 반대로 도저히 감이 안 올 때는 "I can't get the knack of it"이라고 말하면 돼요.

TIP

한국어의 "감 잡았다"와 비슷하게 영어에서도 기본적으로는 "I got the feel for it"이라고 말할 수 있어요. '감'을 영어로는 feel로 표현하는 거죠.

문장 활용해보기

It took me a long time but I finally got the knack of it.
시간이 좀 걸렸지만 드디어 감 잡았어.

Did you get the knack of it yet?
너도 이제 감 잡았어?

직접 써보기

I got the knack of it!

LESSON 090

제일 잘나가는 게 뭔가요?

예전엔 남자 친구에게 특별한 걸 해주고 싶어서 일부러 남들이 잘 안 사는 선물들을 골랐어요. 그런데 그런 선물일수록 오히려 실패하는 경우가 많더라고요. 그래서 이제는 가게에 들어가면 이렇게 물어요. "요즘 제일 잘나가는 게 뭐예요?" 그럼 실패할 확률이 훨씬 줄더라고요. 이 말을 영국식 영어로 어떻게 자연스럽게 표현하면 좋을까요?

What's the most sought-after one?

 DIALOGUE 일상 대화로 표현 익히기

Jinyoung **Can I help you, sir?**
도와드릴까요, 손님?

Peter **Yes. I need to buy a necklace. What's the most sought-after one?**
네, 목걸이를 하나 사려고 하는데요. 요즘 제일 잘나가는 게 뭔가요?

Jinyoung **This diamond one is on sale at the moment.**
이 다이아몬드 목걸이가 인기인데, 마침 세일 중입니다.

Peter **Great. It's an anniversary present for my wife.**
좋네요, 아내에게 주는 결혼기념일 선물이에요.

피터의 한마디

한국에서는 제일 잘나가는 것이 곧 인기 많고 대세인 것이라서 사람들이 더 많이 찾게 되죠. 반면 영국에서는 뭔가가 너무 잘나가면 오히려 덜 매력적으로 느끼는 문화가 있는 것 같아요. 그래도 선물을 살 때 점원에게 이렇게 물어보는 건 자연스럽습니다. "What's the most sought-after one?" 이 표현은 "제일 잘나가는 게 뭐예요?"보다는 "요즘 사람들이 제일 많이 찾는 건 뭐예요?"에 가까운 뉘앙스예요. 여기서 가장 까다로운 단어는 아마 sought일 텐데요, seek(찾다)의 과거형/과거분사 형태입니다. 즉 sought-after는 '많이 찾는', '인기 있는'이라는 뜻이 되죠.

TIP

'one' 대신에 구체적인 품목 이름을 써도 전혀 문제없습니다. 예를 들어 "What's the most sought-after jacket?", "Which skirt is the most sought-after right now?" 라고 해도 좋아요.

문장 활용해보기

This gold jacket is the most sought-after one right now.
이 금색 재킷이 요즘 제일 잘나가는 거예요.

Just because it's the most sought-after one doesn't mean you should buy it!
요즘 제일 잘나간다고 해서 꼭 사야 하는 건 아니잖아!

직접 써보기

What's the most sought-after one?

LESSON 091

무단 투기 금지

저희 집 앞에 사람들이 무단 투기를 너무 많이 해서 결국엔 '무단 투기 금지'라는 큰 표지판까지 설치됐어요. 저희 빌라에 외국인 세입자가 있어서 그분이 표지판을 보고 이게 무슨 뜻이냐고 묻는데, 막상 설명하려니까 입이 턱 막히는 거 있죠. 피터, 도와주세요!

No fly-tipping!

 DIALOGUE 일상 대화로 표현 익히기

Jinyoung **Oi! What do you think you're doing?!**
앗! 지금 뭐 하시는 거예요?

Peter **I was just leaving some rubbish here with all the other rubbish bags.**
그냥 여기에 있는 쓰레기봉투들 옆에 쓰레기 좀 두고 가려고 했는데요.

Jinyoung **Can't you read the sign?! No fly-tipping!**
표지판 못 읽어요? 무단 투기 금지!

Peter **Oops. I didn't see that. I'm so sorry.**
아, 못 봤네요. 정말 죄송합니다.

피터의 한마디

'금지'라는 뜻은 영어로 restriction이나 ban 같은 단어를 쓸 수도 있지만, 훨씬 간단하게는 'No + 명사' 형태로 표현할 수 있어요. 그래서 '무단 투기 금지'는 영국식 영어로 'No fly-tipping'이라고 합니다. 여기서 fly-tipping이 생소할 수 있는데, 외우는 팁 하나 드릴게요. 'Do something on the fly'는 계획 없이 즉흥적으로 뭔가를 한다는 뜻이죠. 이 fly가 그런 즉흥성을 연상시켜요. 그리고 tipping은 팁을 준다는 뜻도 있지만, tip에는 쓰레기장이라는 의미도 있어요. 즉, 계획 없이 아무 데나 쓰레기를 버린다는 의미로 fly-tipping이 된 거예요. 이 표현은 실제로 영국 거리나 공공장소의 표지판에서 자주 볼 수 있습니다.

TIP

"Oi"는 영국에서 "야!"처럼 부를 때 쓰는 표현이에요. 다만 다소 무례하거나 거칠게 들릴 수 있어서 상황에 따라 기분 나쁘게 받아들여질 수도 있어요. 그런데 "Oi oi"처럼 두 번 반복하면 누군가를 봤을 때 반가움을 표현하는 장난스러운 인사로도 쓰이곤 해요. 다만 격식 있는 표현은 아니기 때문에 친한 사이나 캐주얼한 상황에서만 사용하는 게 좋아요.

문장 활용해보기

Can't you see the sign?! No fly-tipping.
표지판 안 보여요?! 무단 투기 금지라고 써 있잖아요.

There is no fly-tipping here because the police are good at catching people who try.
여기서는 경찰이 무단 투기하는 사람들을 잘 단속하기 때문에 무단 투기가 없습니다.

직접 써보기

No fly-tipping!

LESSON 092

일이 산더미야

영어에 관심이 많아서 혼자 열심히 공부하고 있는데, 요즘 회사 일이 산더미처럼 많아서 집중이 잘 안돼요. 이걸 핑계 삼아서 잠시 쉬는 중이에요. 그런데 말 나온 김에 영어로 하나 알려주세요. "일이 산더미야"라는 표현은 영국식 영어로 어떻게 말하죠?

stacks of work

 DIALOGUE 일상 대화로 표현 익히기

Jinyoung **Can we go and get a drink tonight at that new pub?**
오늘 밤에 새로 생긴 펍에 가서 한잔할까?

Peter **I would love to but I have stacks of work.**
나도 진짜 가고 싶은데, 일이 산더미야.

Jinyoung **Come on. Just one pint, I promise.**
에이, 딱 한 잔만! 진짜 약속할게.

Peter **Alright. But I can only stay for one drink, not ten like the last time.**
알았어, 하지만 딱 한 잔만이야, 지난번처럼 열 잔은 안 돼!

피터의 한마디

와, 지금 생각해보니까 '산더미'라는 단어는 영어로 자연스럽게 'a mountain of~'라고 옮길 수 있어요. 예를 들어 "일이 산더미야"는 'a mountain of work'처럼 말할 수 있죠. 산처럼 많다는 의미니까요. 그런데! 제가 특별히 소개하고 싶은 표현은 따로 있어요. 덤으로 두 개 알려드리는 거예요. 사실 "일이 산더미야"라는 표현을 영어로 할 때, 요즘은 mountain보다 더 자주 쓰는 단어가 있어요. 바로 stack입니다! stack은 무언가가 차곡차곡 쌓여 있는 모양을 뜻해요. 예를 들어 'a stack of paper'는 서류가 산처럼 쌓여 있다는 뜻이죠. 특히 종이 서류가 훨씬 많던 예전엔 서류가 쌓여 있는 게 곧 일이 많다는 증거였어요. 그래서 'a stack of work'라는 표현이 실제로 많이 쓰이고, 아주 자연스럽답니다.

TIP

'stacks of work'라고 할 수도 있어요. 단수, 복수 모두 가능한 표현입니다.

문장 활용해보기

I'm going to be late for our date, honey.
I have **stacks of work**.
자기야, 나 데이트에 늦을 것 같아. 일이 산더미야.

How can the boss give us **stacks of work**
to do on New Year's eve?!
연말 마지막 날에 우리한테 일을 산더미처럼 주다니, 사장님 진짜 너무한 거 아니야?

직접 써보기

stacks of work

LESSON 093

오해하지 말고 들어

오해하지 말고 들어주세요, 피터. 전 피터의 영국식 영어도 좋아하지만, 미국식 영어를 듣는 걸 더 좋아해요. 아마도 미드나 할리우드 영화를 워낙 많이 봐서 그런 것 같아요. 그런데 이 "오해하지 말고 들어"라는 표현을 영어로는 어떻게 말하나요?

Don't take this the wrong way.

DIALOGUE 일상 대화로 표현 익히기

Jinyoung How does my new haircut look?
내 새 머리 스타일 어때 보여?

Peter **Don't take this the wrong way.**
오해하지 말고 들어.

Jinyoung What are you going to say?!
지금 무슨 말 하려는 거야?!

Peter You kind of look like a horse.
약간 말처럼 보여.

 **피터의 한마디**

"오해하지 말고 들어"라는 말을 들으면 듣자마자 바로 이렇게 생각하게 되죠. '아, 뭔가 오해할 만한 말이 나오겠구나…' 혹은 '기분 나쁠 수도 있는 얘기를 하려나 보다' 감이 확 와요. 영어에서도 마찬가지예요. 그래서 제가 추천하고 싶은 표현은 "Don't take this the wrong way"입니다. 여기서 take는 '받아들이다', wrong way는 '잘못된 방식으로'라는 뜻이에요. 그러니까 직역하면 "이걸 잘못 받아들이지 마", 즉 "오해하지 말고 들어"가 되는 거죠. 이 표현은 상대방에게 비판적인 말을 하겠다고 예고하는 말이기도 하고, 동시에 말을 부드럽게 포장해주는 완충 역할도 해줘요. 영어 대화에서 아주 유용하게 쓰이는 표현입니다.

TIP

물론 교과서적인 표현으로는 "Don't misunderstand, but…"이라고 말할 수도 있습니다. 하지만 좀 밋밋하고 덜 자연스럽게 들릴 수 있어요.

문장 활용해보기

Don't take this the wrong way, but I'm too tired to go out tonight.
오해하지 말고 들어. 오늘 밤엔 너무 피곤해서 나가기 힘들 것 같아.

It wasn't great but it was fine. I hope you don't take this the wrong way.
엄청 좋진 않았지만 괜찮았어. 오해하지 말고 들었으면 해.

직접 써보기

Don't take this the wrong way.

LESSON 094

자세 똑바로 해

아이들이 책상에 팔을 괴고 비스듬히 앉아 있거나 등을 구부린 채 수업을 듣고 있을 때 선생님이나 부모님이 이렇게 말합니다. "허리 펴고 앉아!" 건강을 위해서든 집중하라는 의미든 자세를 바로잡게 하려는 한마디예요. 그렇다면 이럴 때 영국식 영어로는 어떻게 표현할까요?

Sit up straight.

DIALOGUE 일상 대화로 표현 익히기

Jinyoung **Your posture looks terrible.**
너 자세 진짜 안 좋아 보인다.

Peter **I know… My back hurts already.**
나도 알아… 벌써 허리 아파.

Jinyoung **Sit up straight!**
허리 펴고 앉아!

Peter **Yes, ma'am.**
넵, 알겠습니다요.

 피터의 한마디

제가 어렸을 때 선생님들이 자주 하셨던 말 중 하나가 바로 "앉는 자세 똑바로!"였어요. 영어로도 비슷하게 말할 수 있지만, 여기서 중요한 건 바로 단어 선택입니다. 단순히 sit이나 sit straight라고만 하면 어딘가 어색하거나 덜 자연스럽게 들릴 수 있어요. 가장 자연스럽고 자주 쓰이는 표현은 바로 "Sit up straight"입니다. sit up만 해도 자세를 고쳐 앉는 느낌을 주지만, 여기에 straight까지 붙이면 '등을 곧게 펴고, 허리를 반듯하게'라는 좀 더 명확하고 강한 인상을 줄 수 있죠. "Sit up straight!" 짧지만 힘 있는 표현이죠.

TIP

영어에서는 이런 식으로 up을 붙여 강조하는 표현이 굉장히 많아요. 예를 들어 "Cheer up(힘내!)", "Stand up(일어나!)", "Speak up(좀 더 크게 말해!)" 등이 있죠. 이처럼 up은 단어에 생기, 에너지, 강조의 뉘앙스를 더해주는 역할을 합니다.

문장 활용해보기

Sit up straight or your back will hurt later.
자세 똑바로 앉아, 안 그러면 나중에 허리 아플걸.

The teacher told the whole class to sit up straight and pay attention.
선생님께서 반 전체에게 자세 똑바로 하고 집중하라고 하셨어.

직접 써보기

Sit up straight.

LESSON 095

이만 가보겠습니다

회사에서 하루 일과를 마친 후, 컴퓨터를 끄고 자리에서 가방을 챙기며 "이만 가보겠습니다~"라고 인사하고 퇴근하곤 합니다. 한국 직장에서는 너무나 익숙한 풍경이죠. 영국에서는 이렇게 가벼운 퇴근 인사를 어떻게 하나요?

I'm off.

DIALOGUE 일상 대화로 표현 익히기

Jinyoung It's already 6!
벌써 6시야!

Peter Yup. I'm off. See you tomorrow!
응, 난 퇴근한다. 내일 봐!

Jinyoung Lucky you. I've got another hour to go….
부럽다. 난 아직 한 시간 더 남았어.

Peter I don't envy you.
전혀 안 부럽네.

 **피터의 한마디**

회사에서 먼저 퇴근할 때 저는 항상 이렇게 말했어요. "I'm off!" 정말 자주 쓰이는 표현이고, 굳이 'off work' 같은 말을 붙이지 않아도 상황만으로 자연스럽게 퇴근을 의미하는 걸 알 수 있죠. 딱딱하거나 격식 있는 말이 아니라 "이제 가볼게~" 하고 동료들에게 가볍게 인사하는 느낌이라 분위기도 훈훈해져요. 단, "I'm off"는 퇴근할 때뿐 아니라 어딘가로 출발할 때도 자주 쓰는 표현이에요. 예를 들어 친구 집에서 슬슬 나가보려 할 때 "Right, I'm off!(나 이제 슬슬 갈게!)"라고 하면 좋죠. 이 표현은 영국에서 정말 일상적으로 많이 쓰입니다. 좀 더 공손하게 말하고 싶다면 "I'll be off now(그럼 이만 가보겠습니다)"도 아주 좋습니다.

TIP

미국에서도 통하긴 합니다. 대신 미국에서는 "I'm outta here", "I'm heading out" 같은 표현을 더 자주 씁니다.

문장 활용해보기

I'm off! Have a good evening, everyone.
전 이만 가볼게요! 모두 좋은 저녁 보내세요.

It's getting late. I think **I'll be off**.
늦었네요. 이제 슬슬 가봐야 할 것 같아요.

직접 써보기

I'm off.

LESSON 096

오~ 다시 봤어

평소엔 그냥 무덤덤하게 보던 사람인데 어느 날 뜻밖의 능력이나 멋진 면모를 보여줬을 때 한국에서는 자연스럽게 이렇게 말합니다. "오~ 다시 봤다!" 그 순간 느껴지는 감탄과 인상의 변화를 영국식 영어로 어떻게 자연스럽게 표현할 수 있을까요?

I see you in a different light.

 DIALOGUE 일상 대화로 표현 익히기

Jinyoung **I had no idea you could dance like that.**
네가 그렇게 춤을 잘 추는 줄 전혀 몰랐어.

Peter **You never asked!**
나한테 물어본 적도 없잖아!

Jinyoung **Well, I see you in a different light now.**
이제 네가 다르게 보여.

Peter **Glad I finally impressed you.**
드디어 너한테 인상 좀 남겼네. 기분 좋다.

피터의 한마디

"I see you in a different light." 제가 누군가의 새로운 모습을 보고 감탄할 때 자주 쓰는 표현입니다. 직역하면 '다른 조명에서 본다'는 뜻인데, 조명이 바뀌면 분위기나 인상이 달라지듯 상대에게서 새로운 면모가 보일 때 쓰는 말이죠. 이 표현은 주로 긍정적인 의미로 쓰여요. 예를 들어 상대가 예상 외의 능력을 보여줬을 때나 평소엔 몰랐던 상대의 멋진 면을 발견했을 때 "오, 이제 네가 새롭게 보이네"라는 느낌으로 사용합니다. 특히 영국에서는 이 표현이 감성적이고 세련된 인상을 주기 때문에 데이트 상황에서 살짝 로맨틱한 뉘앙스로 쓰이기도 해요. 상대방의 이미지나 인상이 확 달라졌을 때 "I see you in a different light"를 한번 써보세요. 정말 센스 있고 감각적인 표현이랍니다!

TIP

누군가가 뜻밖의 멋진 모습을 보여줄 때 떠오르는 표현이 또 하나 있죠. 바로 "Don't judge a book by its cover", 즉 겉모습만 보고 판단하지 말라는 말이에요. 겉으로는 평범해 보여도 속에는 놀라운 능력이나 매력이 숨어 있을 수 있다는 걸 일깨워주는 표현이죠.

문장 활용해보기

After that speech, I see her in a completely different light.
그 연설 이후, 그녀를 완전히 다시 봤어.

He helped a stranger on the street — I really saw him in a different light.
그가 길에서 낯선 사람을 도와주는 걸 보고 나니, 사람이 정말 다르게 보이더라.

직접 써보기

I see you in a different light.

LESSON 097

한 박자만 쉬어가자

가끔은 몸도 마음도 지쳐서 '이대로 괜찮을까?' 하는 생각이 들죠. 일도, 감정도, 관계도 벅차게 느껴질 때 누군가 옆에서 말해줬으면 싶어요. "한 박자만 쉬어가자." 영국식 영어에도 비슷한 표현이 있을까요?

Take some time out.

 DIALOGUE 일상 대화로 표현 익히기

Jinyoung You look absolutely exhausted today.
오늘 완전 지쳐 보이네.

Peter I've been running errands non-stop all week.
이번 주 내내 쉬지도 않고 일을 보러 다녀서 그래.

Jinyoung You should **take some time out**.
한 박자만 쉬어가야겠어.

Peter Yeah… maybe it's time to take a rest for a bit.
응… 이제 좀 쉬어야 할 때인 것 같아.

피터의 한마디

저도 바쁜 날엔 이 말이 정말 절실하게 필요할 때가 있어요. "Take some time out"은 단순히 쉬는 걸 넘어서, 잠시 멈추고 자신을 재정비하자는 의미의 표현이에요. 원래 time-out은 미국 스포츠에서 작전 타임을 뜻하지만, 일상에서는 바쁜 일정 속에서 잠깐 여유를 갖자는 뜻으로 자주 쓰여요. 보통은 "Take some time out of your day"처럼 쓰지만, 뒤에 of 이하를 생략해도 전혀 어색하지 않아요. "Take some time out"은 하루, 며칠, 혹은 몇 주까지도 포함할 수 있는 조금 더 진지하고 체계적인 휴식을 의미합니다.

TIP

비슷한 표현으로는 'take a breather'도 있습니다. 하지만 진짜 짧게 숨 돌리는 느낌이에요.

문장 활용해보기

You've been so busy lately— maybe take some time out to recharge.
너 요즘 너무 바빴잖아. 한 박자만 쉬어가면서 재충전하는 게 어때?

After getting sick, I knew I had to take some time out from work.
아프고 나니까 일에서 잠시 벗어나야겠다는 생각이 들었어.

직접 써보기

Take some time out.

LESSON 098

순발력이 좋다

누군가 위기 상황에서도 재빠르게 판단하고 눈치 있게 대처하는 모습을 보면 한국어로는 "와, 진짜 순발력 좋다"라고 말하죠. 말 한마디, 행동 하나가 찰나의 타이밍에 정확하게 나올 때 특히 자주 쓰는 말이에요. 영국식 영어로는 어떻게 표현할 수 있을까요?

You're on the ball.

DIALOGUE 일상 대화로 표현 익히기

Jinyoung Wow, you caught that mistake so fast!
와, 그 실수를 그렇게 빨리 잡아내다니 대단한데요!

Peter I'm always on the ball.
전 항상 순발력이 좋거든요.

Jinyoung Seriously, you saved us a lot of time and money.
진심으로, 당신 덕분에 시간도 돈도 많이 아꼈어요.

Peter No worries. I'm just doing my job!
괜찮아요. 제 일인데요, 뭐!

피터의 한마디

'on the ball'은 제가 정말 자주 쓰는 표현이에요. 원래는 운동 경기에서 선수가 공(ball)을 집중해서 잘 다룰 때 쓰는 말인데, 일상에서는 '눈치 빠르고, 순발력이 좋으며, 대처를 잘하는 사람'을 비유적으로 말할 때 사용해요. 일을 척척 해내는 동료나 똘똘한 학생에게도 딱 맞는 표현이죠. 예를 들어 "You're really on the ball today!"라고 하면 자연스러운 칭찬이 됩니다. 반대로 말할 때는 "You're off the ball"보다는 "You're not on the ball"이 더 흔하고 자연스러워요. 또는 집중하라는 의미로 "Keep your eye on the ball"이라고도 해요. 축구 경기를 할 때 공에서 눈을 떼면 바로 상대에게 빼앗기기 쉽잖아요? 영국에서도, 미국에서도 두루 잘 통하는 유용한 표현입니다.

TIP

유난히 집중을 잘하고 눈치도 빠른 사람에게는 "You're on it!"이라고 말할 수 있어요. 이 표현은 'on the ball'과 비슷하게 일을 척척 해내고 실수 없이 흐름을 잘 타는 사람에게 딱 어울리는 말이에요.

문장 활용해보기

You spotted the typo? You're on the ball!
오타를 바로잡았다고? 역시 순발력이 좋네!

I need someone who's really on the ball for this project.
이 프로젝트에는 순발력이 좋은 사람이 필요해.

직접 써보기

You're on the ball.

LESSON 099

잔돈은 안 주셔도 돼요

가끔 가게나 택시에서 현금으로 계산하고 나면 잔돈이 얼마 안 될 때가 있어요. 그럴 땐 "잔돈은 안 주셔도 돼요"라고 말하게 되는데요. 막상 영어로 말하려고 하면 어떤 표현을 써야 할지 헷갈립니다. "You don't need to give me the change"처럼 말하면 될까요? 아니면 더 자연스러운 표현이 있을까요?

Keep the change, mate.

 DIALOGUE 일상 대화로 표현 익히기

Jinyoung **That'll be £9.50, please.**
9파운드 50펜스입니다.

Peter **Here's £10. Keep the change, mate.**
여기 10파운드요. 잔돈은 안 주셔도 돼요.

Jinyoung **Thank you very much, I appreciate it.**
정말 감사합니다, 고맙습니다.

Peter **No, thank you! The service was fantastic.**
아뇨, 제가 더 감사하죠! 서비스가 정말 훌륭했어요.

피터의 한마디

"You don't need to"보다는 "Keep the change"가 훨씬 자연스럽고 실용적인 표현이에요. 특히 현금을 쓸 때 남은 잔돈을 팁처럼 두고 가겠다는 뜻으로 자주 쓰입니다. 영국에서는 여기에 mate를 붙여서 "Keep the change, mate"라고 하면 더 친근하고 편안하게 들려요. 상대방이 남자고, 본인도 남자인 경우에 특히요. 반면에 "It's yours"는 자칫 거만하게 들릴 수 있어서 피하는 게 좋고요. 조금 더 정중하고 따뜻한 느낌을 주고 싶다면, 마지막에 "No worries"나 "Cheers" 같은 표현을 덧붙여주는 것도 좋아요.

TIP

미국에서도 "Keep the change"는 그대로 통하지만 mate는 거의 쓰이지 않아요.

문장 활용해보기

Thanks for the ride! Keep the change, mate.
태워주셔서 감사합니다! 잔돈은 안 주셔도 돼요.

You've been super helpful. Keep the change!
정말 많은 도움이 됐네요. 잔돈은 안 주셔도 돼요.

직접 써보기

Keep the change, mate.

LESSON 100

이제 익숙해

새로운 직장, 환경, 혹은 외국 생활 등 처음에는 모든 게 낯설고 서툴기 마련이지만, 시간이 지나면 자연스레 적응하게 됩니다. 그럴 때 "이제 익숙해"라고 말하죠. 너무 흔한 "I'm used to it" 대신 조금 더 세련되고 자신감을 보여주는 영국식 영어 표현이 있을까요?

I've got it nailed now.

DIALOGUE 일상 대화로 표현 익히기

Jinyoung **I was so confused when I first started here.**
여기 처음 왔을 땐 정말 혼란스러웠어.

Peter **Same here! But I've got it nailed now.**
나도 그랬지! 근데 이제 익숙해졌어.

Jinyoung **Oh nice, you're getting used to things quickly.**
오 좋다, 빨리 적응했네.

Peter **Practicing for days has helped me a lot.**
며칠 동안 연습한 게 정말 많은 도움이 됐어.

피터의 한마디

"I'm used to something"은 조금 밋밋하게 들릴 수 있죠. 그럴 땐 "I've got it nailed now" 처럼 더 생생하고 자신감 있는 표현이 좋아요. 여기서 nail은 명사로는 '못'이지만, 동사로 쓰이면 '완벽히 해내다', '완전히 익히다'라는 뜻이 됩니다. 생각해보세요. 망치로 못을 딱! 정확히 박았을 때처럼 어떤 걸 제대로 해냈을 때 쓰는 말이에요. 예를 들어 "I nailed the presentation"은 발표를 완벽하게 해냈다는 뜻이고, "You nailed that recipe!"는 레시피 그 대로 완벽하게 요리에 성공했다는 의미죠. 영국에선 특히 업무나 스포츠 상황에서 자주 쓰이 고요, 미국에서도 자연스럽게 잘 통하는 표현입니다. 자신감 있게, 무언가를 드디어 마스터했 다는 기분을 표현하고 싶다면 이 표현이 딱이에요!

TIP

간단하게 "I nailed it"으로 축약해서도 많이 말해요.

문장 활용해보기

After a few weeks on the job, I've got it nailed now.
일한 지 몇 주 되니까, 이제 완전히 익숙해졌어.

Learning Korean was tough at first, but I've got it nailed!
한국어 배우는 건 처음엔 힘들었지만, 이제 완전히 익숙해졌어!

직접 써보기

I've got it nailed now.

영국 이모저모 4
왕실 The Royal Family

영국이라고 하면 아마 가장 먼저 떠오르는 게 '왕실'일 거예요. 최근까지도 많은 사람들에겐 엘리자베스 2세 여왕이 곧 영국의 상징이었죠. 제 생각이 조금 편파적으로 들릴 수도 있겠지만, 세대를 막론하고 전 세계에서 가장 유명한 인물 중 한 명이었을 거라고 생각해요. 그만큼 '영국=왕실', '왕실=영국'이라는 공식이 자연스러울 정도로 둘은 뗄 수 없는 존재예요.

한국인의 시선에서는 왕이 있던 시절이 아주 오래전이라 왕실이 좀 '옛날 것'처럼 느껴질 수 있어요. 요즘 같은 민주사회에 꼭 필요한 존재인가 싶기도 하겠죠. 그런데 영국인에게는, 물론 구식처럼 느껴지는 부분도 있지만, 왕실은 여전히 영국을 이루는 핵심적인 요소 중 하나예요. 특히 저처럼 아버지가 군인이었던 집안에서 자란 사람이라면 '여왕(또는 국왕)에게 충성한다'는 개념이 자연스럽고, 나의 정체성과도 연결되어 있죠. 물론 그 감정은 무의식적으로 스며든 경우가 많아요.

생각해보면 어릴 때부터 여왕의 얼굴을 접하게 돼요. 동전이나 지폐, 우표에 여왕이 있고, TV 뉴스에서도 왕실의 소식이 자주 나와요. 여왕은 일상 속에 자연스럽게 존재하는 인물이에요. 그런데 총리나 대통령처럼 임기가 정해져 있는 게 아니라 죽을 때까지 한 사람을 지켜보게 되다 보니, '정'이 생기고 그 존재가 더 각별하게 느껴져요. 그래서 좋은 군주가 있다면 이런 시스템이 오히려 더 안정적이고 훌륭하다고 생각하는 사람이 많아요.

물론 왕과 여왕이 실제로 정치적인 권력을 갖고 있는 건 아니에요. 실질적인 정치는 총리가 하고, 국민들은 투표로 총리를 뽑죠. 왕은 말 그대로 형식적인 권위만 가지고 있어요. '정부를 구성해도 좋다'는 식의 허락을 내리는 정도의 역할이죠. 하지만 그 형식적인 상징 안에 나름의 위계와 질서가 담겨 있고, 그 존재만으로도 국가에 안정감을 준다고 생각해요. 총리는 선거에 따라 바뀔 수 있지만, 왕실은 그보다 훨씬 오래 지속되니까요.

왕실에 대한 시선은 세대에 따라 조금씩 다르긴 해요. 하지만 저 개인적으로는, 왕실이 영국이라는 나라에 굉장히 큰 의미와 가치를 더해준다고 생각해요. 전 세계를 봐도 2025년 현재, 왕실을 이렇게 자랑스럽게 공개하고 유지하는 나라는 흔치 않거든요. 오히려 이게 영국의 '매력 포인트' 중 하나라고 생각해요. 그 증거로 미국인들에게 "영국에 왜 가고 싶냐"고 물으면 "왕실이 궁금해서"라는 대답이 꽤 많아요. 대관식, 왕실 결혼식 같은 이벤트가 있을 때 전 세계의 시선이 영국으로 쏠리는 것도 다 그 '신비로움'과 '동화 속 같은 느낌' 때문이죠.

저는 여왕과 왕의 진짜 역할은 '국가의 품격을 지키는 것'이라고 생각해요. 정치가 아무리 요동쳐도 그 자리를 변함없이 지켜주는 존재가 있다는 건 사람들에게 든든한 안정감을 주거든요. 그런 면에서 엘리자베스 2세는 정말 자랑스러운 인물이었고, 이제 그 뒤를 이은 찰스 3세가 어떤 국왕이 될지는 아직 지켜봐야 할 것 같아요.

오늘의 문장

"The Royal Family has the country's best interests at heart." (왕실은 나라를 진심으로 위하고 있어요!)

많은 젊은 층이 왕실에 찬성하기보다 반대하는 경우가 많지만, 그들 중에서도 아마 이렇게 생각하는 사람이 꽤 있을 거예요. "왕실은 나라를 위해 헌신하며 살아간다." 그래서 지금까지도 그 존재가 유지되고 있는 것 같아요.

CHAPTER 5

유머의 표현

Humor

LESSON 101

말이야 방구야

'말이야~ 방구야~'라는 표현은 터무니없는 말을 할 때 자주 쓰는 말이에요. 누군가가 뱉은 말을 방귀에 비유하여 그 말이 말도 안 된다는 걸 강조하는 표현인데요. 영국 사람들은 이런 어이없는 말 자체를 잘 안 하는 편인가요? 아니면 비슷한 상황일 때 쓰는 표현이 있을까요?

Are you talking out of your arse?!

DIALOGUE 일상 대화로 표현 익히기

Jinyoung **If you lend me 100 pounds I can give you back 200 by next week.**
나한테 100파운드만 빌려주면 다음 주에 200 파운드로 갚을게.

Peter **And how exactly will you do that?**
그걸 어떻게 하겠다는 거야?

Jinyoung **I will invest it in crypto.**
암호화폐에 투자할 거거든.

Peter **Are you talking out of your arse?!**
그게 말이야 방구야!

피터의 한마디

영국 사람들은 전부 다 신사라서 터무니없는 말은 절대 안 할 것 같다고요? 그렇다고 말하고 싶지만… 영국 사람들도 당연히 터무니없는 말을 많이 해요. 한국에서는 누가 말도 안 되는 소리를 하면 "말이야~ 방구야~"라는 표현을 쓰죠. 이걸 직역해서 영어로 "Is it talk or is it a fart?"라고 하면 진짜 영국 사람들한테는 "말이야~ 방구야~"가 되는 상황이죠. 그런데! 비슷한 맥락의 표현이 영어에도 있어요. 바로 "Are you talking out of your arse?!", 직역하면 "너 지금 엉덩이로 말하고 있니?"입니다. 터무니없거나 말도 안 되는 소리를 할 때 쓰는 표현이에요. 어처구니없는 얘기를 들었을 때 찰떡으로 써먹을 수 있어요!

TIP

참고로 미국에선 '엉덩이'를 ass라고 하고 영국에선 arse라고 해요. 뜻은 같지만 표현이 살짝 다른 거죠!

문장 활용해보기

Don't listen to him. He's talking out of his arse.
그의 말은 듣지 마. 말인지 방구인지.

Stop talking out of your arse and look at the facts.
말인지 방구인지 그만 좀 하고 사실부터 확인해.

직접 써보기

Are you talking out of your arse?!

LESSON 102

아재 개그

피터가 가끔 툭 던지는 말장난스러운 농담들이 어쩐지 낯설지 않다 싶더니… 혹시 아재 개그 좋아하시나요? 한국에서는 아저씨들이 하는 유치하고 썰렁한 말장난을 '아재 개그'라고 부르는데요, 영국식 영어로는 어떻게 표현할까요?

dad joke

 DIALOGUE 일상 대화로 표현 익히기

Jinyoung **My dad is so embarrassing in front of my friends.**
우리 아빠는 내 친구들 앞에서 날 너무 민망하게 해.

Peter **Why do you say that?**
뭐 때문에 그래?

Jinyoung **He can't stop telling dad jokes when he's around them.**
친구들만 있으면 아재 개그를 멈추지 못하거든.

Peter **But some dad jokes are funny.**
그래도 아재 개그 중에 재미있는 것도 있잖아.

 **피터의 한마디**

아재 개그 좋아하는 거, 인정이죠! 워밍업으로 하나 갈게요! "오리가 겨울에 얼면? 언덕!" 역시… 저도 나이를 좀 먹었나 봐요. 참고로 '아재'는 '아저씨'에서 온 말인데, 이 '아저씨'라는 호칭은 외국어로 번역하기 꽤 까다로워요. 보통 영어로는 uncle이라고 번역하긴 하지만, 'uncle gag'라고 하면 뭔가 어색하죠? 게다가 gag도 문제예요. 물론 joke랑 비슷한 뜻이긴 하지만, 주로 코미디언이 무대에서 하는 개그를 가리킬 때 gag라고 하거든요. 그래서 외국에서는 이런 유치하거나 썰렁한 농담을 'dad joke'라고 불러요. 보통 아빠들이 하는 농담이라는 이미지가 있어서요. 그래서 우리가 말하는 "와, 완전 아재 개그다~"를 영어로는 "That's such a dad joke!"라고 해요.

TIP

'dad'가 들어가는 또 다른 재미있는 표현은 'dad dance moves'입니다. 아빠처럼 창피하게 추는 춤이라는 뜻인데, 친구 생일 파티나 결혼식에서 아빠들이 어깨 들썩이며 추는 그 춤이 바로 그거죠. I love dad jokes and dad dance moves!

문장 활용해보기

Stop with the dad jokes! They are not funny.
아재 개그 그만해! 하나도 안 웃겨.

Do you know any good dad jokes?
또 재미있는 아재 개그 알아?

직접 써보기

dad joke

LESSON 103

가재는 게 편

얼마 전에 남편한테 정말 크게 실망했어요. 남편은 본인 가족과 관련된 일만 생기면 꼭 제 의견은 무시하고 결국 자기 어머니 의견을 따르더라고요. 이럴 때 딱 떠오르는 말은 "가재는 게 편이다"입니다. 영국식 영어에도 이렇게 동물에 비유한 표현이 있을까요?

Blood is thicker than water.

 DIALOGUE 일상 대화로 표현 익히기

Jinyoung I can't believe my brother-in-law is taking my wife's side in our argument.
처남이 나와 아내의 말다툼에서 아내 편을 들다니 믿을 수 없어.

Peter Well you know what they say; **blood is thicker than water.**
가재는 게 편이라는 거, 알잖아.

Jinyoung But the amount of beer I bought him over the years!
하지만 그동안 내가 사준 맥주가 얼만데!

Peter That's true. He should definitely be on your side.
맞네. 그 정도면 당연히 네 편을 들어줘야지.

 **피터의 한마디**

제가 세상에서 제일 좋아하는 음식은 가재랑 게입니다. 그래서 처음에 이 표현을 들었을 땐 진짜 배가 고팠어요. 그런데 곰곰이 생각해보니 '끼리끼리 편을 든다'는 뜻으로 이해하면 쉽더라고요. 영어에도 가족끼리 뭉칠 때 자주 쓰는 재미있는 표현이 있어요. 바로 "Blood is thicker than water"라는 말인데요, 직역하면 '피는 물보다 더 진하다'는 뜻이에요. 여기서 '피'는 가족을 상징하죠. 이 표현은 영국에서도 자주 쓰여요. 예를 들어 부부 싸움 중에 남편이 엄마 편을 들면 아내가 "Blood is thicker than water라더니 진짜네" 하고 말할 수도 있겠죠. 마마보이 남편들이 조심해야 할 표현입니다!

TIP

'thicker' 얘기가 나온 김에 'through thick and thin'이라는 표현도 함께 소개합니다. 이 표현은 좋을 때나 나쁠 때나, 어떤 상황에서도 변함없이 함께한다는 의미예요.

문장 활용해보기

I realise blood is thicker than water, but friends are important too!
가재는 게 편이라는 걸 알지만, 친구도 정말 중요하다고!

Don't forget that blood is thicker than water, Son. Don't forget your parents.
가재는 게 편이라는 걸 잊지 마라, 아들. 부모를 잊으면 안 된다.

직접 써보기

Blood is thicker than water.

LESSON 104

울며 겨자 먹기

어쩔 수 없이 해야 하는 일, 정말 하기 싫지만 선택의 여지가 없을 때 한국어로는 "울며 겨자 먹기"라고 하죠. 먹기 싫은데도 억지로 겨자를 삼켜야 하는 상황처럼 이 표현은 내키지 않아도 억지로 해야 하는 일을 말할 때 쓰는데요, 영국에서는 어떻게 표현하나요? 겨자를 뜻하는 mustard가 들어가지는 않겠죠?

grin and bear it

 DIALOGUE 일상 대화로 표현 익히기

Jinyoung **Ugh, I have to attend another useless meeting at work.**
아, 또 쓸데없는 회의에 참석해야 해.

Peter **Can't you just not go?**
그냥 안 가면 안 돼?

Jinyoung **I have no choice.
I'll just grin and bear it.**
선택의 여지가 없어. 울며 겨자 먹기로 가야지.

Peter **I don't envy you….**
너 진짜 안 부럽다….

 **피터의 한마디**

이건 정말 영국스러운 표현이에요. 'grin and bear it'은 말 그대로 "억지로라도 웃으며 참는다"라는 뜻이에요. grin은 소리 없이 씩 웃기, bear는 견디다/참다를 의미하죠. 둘을 합치면 힘든 상황에서도 불평 없이 견디는 태도를 말하게 됩니다. 보통은 "Just grin and bear it"처럼 조언하거나 위로하는 말로 자주 써요. 영국에는 감정을 겉으로 잘 드러내지 않는 문화가 있어서 이 표현이 유난히 많이 쓰이는 편이에요. 물론 요즘은 감정을 표현하는 게 더 자연스러워졌지만, 그럼에도 억지로라도 견뎌야 할 상황에서는 여전히 딱 맞는 표현입니다. 미국에서도 뜻은 통하지만 영국 쪽에서 훨씬 더 자연스럽고 익숙하게 들리는 표현이에요.

TIP

bear의 과거형은 bore인데, 이 단어는 '지루하게 하다'라는 뜻의 bore와 철자는 같지만 뜻이 완전히 달라요. 그래서 문맥에 따라 의미가 전혀 달라질 수 있으니 주의해서 써야 해요!

문장 활용해보기

Sometimes all you can do is grin and bear it.
가끔은 그냥 울며 겨자 먹기로 참는 수밖에 없어.

I didn't want to go, but I grinned and bore it like a pro.
정말 가기 싫었지만, 울며 겨자 먹기로 프로답게 잘 참아냈지.

직접 써보기

grin and bear it

LESSON 105

거기서 거기

구두를 사러 갔는데, 자꾸 와이프한테 의견을 물어보게 되더라고요. "회사 갈 때 신을 건데 어떤 게 더 예뻐 보여?" 물론 전부 다 어두운 계열이긴 했지만요. 그랬더니 와이프가 너무 냉정하게 말하더라고요. "다 거기서 거기니까 얼른 골라." 그래서 저도 결심했어요. 다음에 와이프가 옷 고를 때 저한테 물어보면 영어로 "거기서 거기야"라고 대답하려고요. 피터, 어떻게 말하면 좋을까요?

They're all the same.

 DIALOGUE 일상 대화로 표현 익히기

Jinyoung **I really don't know what to do about Jay and Tim.**
제이랑 팀 사이에서 정말 어떻게 해야 할지 모르겠어.

Peter **You like both of them, right?**
둘 다 좋아하는 거잖아, 맞지?

Jinyoung **Yeah, that's the problem. They're both so sweet.**
응, 그게 문제야. 두 사람 다 너무 다정하거든.

Peter **When it comes to men, they're all the same. So just choose one!**
남자란 다 거기서 거기야. 그러니까 그냥 한 명 골라!

피터의 한마디

"거기서 거기야"라는 한국어 표현을 좋아해요. 그런데 이걸 영어로 직역하면 정말 어색해요. 예를 들어 "From there to there"라고 하면 진짜 길이를 재거나 "거기까지 가면 돼"와 같이 전혀 다른 의미로 이해할 수 있어요. 사실 "거기서 거기"라는 말은 결국 비슷하다, 별 차이 없다는 뜻이잖아요? 이럴 때 영어로는 간단하게 "They're all the same"이라고 하면 돼요. "다 똑같아"라는 의미를 딱 전달할 수 있어요. "어차피 뭘 선택해도 큰 차이 없어"라는 느낌까지 담고 있죠.

TIP

참고로 "Same same" 또는 "샘샘이야"는 콩글리시 표현이고, 원어민에게는 어색하거나 우스꽝스럽게 들릴 수 있으니까 정식 영어 표현으로는 사용하지 않는 게 좋아요!

문장 활용해보기

Massage chairs are all the same!
Just buy the cheapest one.
안마의자는 다 거기서 거기야. 그냥 제일 싼 거 사.

Those restaurants are all the same.
Let's go to the Korean place.
저 식당들 다 거기서 거기야. 그냥 한식집 가자.

직접 써보기

They're all the same.

LESSON 106

못 참아!

저 진영영 책이 나온다는 소문을 듣고 진짜 기다리고 또 기다렸어요. 마침 지출을 좀 줄여야 하는 시기이긴 한데… 도저히 못 참고 결국 사버릴 것 같아요! 이럴 때 "못 참아!"를 영국식 영어로 어떻게 표현하나요?

I can't resist!

 DIALOGUE 일상 대화로 표현 익히기

Jinyoung **I really shouldn't have dessert.**
디저트 먹으면 안 되는데….

Peter **Me neither.**
We have to play football tomorrow.
나도 그래. 내일 축구해야 하잖아.

Jinyoung **Ahhh! I can't resist!**
I'm getting two scoops of vanilla.
아아악! 못 참겠어! 바닐라 두 숟갈 먹을래.

Peter **Well, then I'll get three scoops of chocolate.**
그럼 난 초콜릿 세 숟갈 먹을래.

피터의 한마디

누구나 못 참는 거 하나쯤은 있잖아요. 저 같은 경우는 초콜릿, 돼지 껍데기, 박카스… 이건 정말 못 참아요. 그리고 또요, 어떤 사람이 "피터…" 하고 말을 꺼내놓고 "아, 아니야 아니야…" 이럴 때! 저 진짜 못 참아요. 속이 너무 답답해요. "무슨 말 하려던 건데? 끝까지 얘기해줘!" 하고 물어봐도 제 와이프는 끝까지 얘기를 안 해줘요. 그래서 오늘 소개하고 싶은 표현은 좋은 게 눈앞에 있으면 못 참을 때, 즉 너무 좋아서 참을 수 없는 상황에서 쓰는 말이에요. 바로 "I can't resist"입니다. 예를 들어 초콜릿을 못 참을 때는 "I can't resist chocolate", 세일을 못 참을 때는 "I can't resist a good sale"이라고 하면 돼요. 무언가의 유혹에 끌려서 참을 수 없을 때 아주 자연스럽게 자주 쓰이는 표현이에요.

TIP

불편한 걸 못 참을 때는 "I can't stand it"이라고 합니다. 여기서 stand는 보통 불편하거나 싫어서 못 참을 때 쓰는 말이에요.

문장 활용해보기

I just can't resist teasing you. Your reactions are so funny.
너 놀리는 거 정말 못 참겠어. 네 반응이 너무 웃기거든!

I can't resist a good Chinese takeaway.
맛있는 중국 포장 음식을 보면 못 참겠어.

직접 써보기

I can't resist!

그건 입버릇이야

어떤 사람과 대화를 하다 보면 그 사람이 자주 반복하는 말이 귀에 딱 박히는 순간이 있죠. 그런 순간 한국어로는 "그건 걔 입버릇이야"라고 자연스럽게 말하곤 해요. 영국식 영어로는 어떻게 표현할까요? mouth habit은 아니겠죠?

That's their pet phrase.

 DIALOGUE 일상 대화로 표현 익히기

Jinyoung **He always says "A piece of cake."**
걘 맨날 "식은 죽 먹기"라는 말을 하더라.

Peter **Oh yeah, that's their pet phrase.**
맞아, 그건 걔 입버릇이야.

Jinyoung **He even says it when things are difficult!**
어려운 상황에서도 그 말을 하더라니까!

Peter **Exactly — he can't stop saying it.**
그러니까, 그냥 입에 붙었나 봐.

피터의 한마디

영국에서는 누군가가 자주 반복해서 쓰는 말이나 표현을 'pet phrase'라고 해요. pet이 흔히 '반려동물'이라는 뜻으로 알려져 있지만, 여기서는 '아끼는, 자주 쓰는, 애착을 가진'이라는 의미예요. 즉, 어떤 사람이 자신도 모르게 습관적으로 반복하는 말을 가리킬 때 쓰죠. 예를 들어 "That's their pet phrase"라고 하면 "저건 그 사람 입버릇이야", 즉 그가 항상 하는 말이라는 뜻이에요. 여기서 their는 성별을 모르거나 성별에 관계없이 일반적인 문장을 만들고 싶을 때 유용해요. 요즘은 he/she 대신 they/their를 쓰는 것이 더 자연스럽고 포괄적입니다.

TIP

pet은 좋아하거나 애착이 있는 사람이나 사물을 나타낼 때 종종 사용되는 단어랍니다. 비슷한 예로 'teacher's pet'은 선생님이 특별히 예뻐하는 학생, 즉 선생님의 총애를 받는 아이를 의미해요.

문장 활용해보기

She says 'literally' every sentence — it's her pet phrase.
쟤는 말할 때마다 'literally'를 써. 완전 입버릇이야.

That phrase again? You really need a new pet phrase!
또 그 말이야? 진짜 새로운 입버릇 좀 만들어야겠다!

직접 써보기

That's their pet phrase.

LESSON 108

예쁘면 다야?

친구는 뭐만 해도 잘되고, 부탁도 술술 통하고, 실수해도 다들 웃고 넘어가요. 그럴 때 마음속에서 자동으로 튀어나오는 말… "예쁘면 다야?" 질투 섞인 농담일 수도 있고, 진심 반 장난 반일 수도 있는데요. 이럴 때 영국식 영어로는 어떻게 표현할 수 있을까요?

You're lucky you're fit.

DIALOGUE 일상 대화로 표현 익히기

Jinyoung I just walked in and everyone stared at me.
난 그냥 들어갔을 뿐인데 사람들이 다 나만 쳐다보는 거 있지.

Peter You're lucky you're fit.
예쁘면 다야?

Jinyoung I didn't say that!
그렇게 말 안 했거든!

Peter You don't have to — your looks do all the work.
굳이 말하지 않아도 돼. 네 얼굴이 다 말하잖아.

 **피터의 한마디**

영국에서는 외모 칭찬을 장난스럽게 하는 경우가 많아요. 예를 들어 fit이라는 단어는 원래 '건강한'이란 뜻이지만, 영국에서는 '매력적인, 잘생긴'이라는 의미로도 아주 자주 쓰이는 속어예요. 그래서 "You're lucky you're fit"이라는 말은 "넌 잘생겨서(예뻐서) 참 다행이다~"라는 뉘앙스를 담고 있고, 약간의 부러움이나 귀여운 질투, 혹은 "안 예뻤으면…"이라는 농담 섞인 의미까지 담을 수 있어요. 또 한국어 표현 "예쁘면 다냐?"를 그대로 영어로 바꾸긴 어려워도 장난처럼 "Is being beautiful everything?"처럼 말할 수도 있어요. 물론 상대가 "Yes!"라고 대답하면… 그냥 웃고 넘어가면 됩니다.

TIP

미국식으로는 보통 "You're hot"이라는 표현이 더 흔하지만, 영국에서는 fit이 젊은 층에게 더 자연스럽고 널리 쓰입니다.

문장 활용해보기

You got free drinks again — you're lucky you're fit.
또 공짜 음료 받았다고? 예쁘면 다야?

You skipped the queue? You're lucky you're fit.
새치기를 했다고? 예쁘면 다야?

직접 써보기

You're lucky you're fit.

LESSON **109**

호박에 줄 긋는다고 수박 되나

한국에는 "호박에 줄 긋는다고 수박이 되냐~"는 말이 있어요. 겉만 번지르르하게 바꿔봤자 소용없다는 뜻인데요. 영국에는 아마도 수박은 없겠지만, 비슷한 느낌을 주는 표현이 있을까요?

It's like putting lipstick on a pig.

 DIALOGUE 일상 대화로 표현 익히기

Jinyoung **Oh my goodness. Uncle Charlie has a wig on!**
어머나, 세상에. 찰리 삼촌이 가발을 썼어!

Peter **And a new pair of glasses too!**
안경도 새로 맞췄어!

Jinyoung **Yeah, but he still doesn't impress the ladies.**
응, 하지만 여전히 여성들에게 깊은 인상을 주지는 못하네.

Peter **It's like putting lipstick on a pig.**
호박에 줄 긋는다고 수박이 되겠니.

피터의 한마디

영국에서 수박 키우기 힘들죠. 다른 나라 수입품으로 팔긴 하지만 오래전부터 흔한 과일이 아니어서 이런 표현에 수박을 쓰지 않아요. 영국뿐만 아니라 아마 전 세계적으로 이 동물을 생각하면 못생긴 것을 떠올릴 것 같은데요, 바로바로 돼지! 그래서 "It's like putting lipstick on a pig"라고 하면 본질을 바꾸지 못하는 상황을 설명해요. 직역하면 "돼지에게 립스틱을 바르는 것 같아"라는 뜻이죠. 한번 상상해보면 웃기죠? 립스틱을 바른 돼지라고 크게 업그레이드되진 않겠죠. 사람한테 쓰면 기분이 많이 안 좋을 수 있다는 점도 참고하세요. 물론 사물한테는 써도 돼요.

TIP

한국에서는 '호박'이 못생긴 사람을 뜻하기도 하지만, 영어권에서는 오히려 'my little pumpkin'이란 표현이 사랑스러운 애칭으로 쓰여요. 주로 아빠들이 작고 귀여운 딸을 부를 때 쓰는 말이죠.

문장 활용해보기

A new shirt will simply be like putting lipstick on a pig.
아무리 새 셔츠를 입어봐야 뭐 해~ 호박에 줄 그으면 수박 되냐?

His new haircut was like putting lipstick on a pig.
머리를 새로 했다고 해도 뭐… 호박에 줄 그은 거지, 수박이 되겠니.

직접 써보기

It's like putting lipstick on a pig.

CHAPTER 5 유머의 표현

LESSON 110

임금님 귀는 당나귀 귀

재밌는 소문이나 아무도 모르는 비밀을 알게 되면 나도 모르게 꼭 누군가에게 털어놓고 싶어질 때가 있어요. 한국에서는 이런 상황을 "임금님 귀는 당나귀 귀"라고 표현해요. 피터, 그렇다면 영국에서는 이런 순간을 어떻게 말할까요?

I'm dying to tell someone.

 DIALOGUE 일상 대화로 표현 익히기

Jinyoung **I'm dying to tell someone** this secret I heard today.
오늘 들은 비밀, 완전 임금님 귀는 당나귀 귀야!

Peter You know you can trust me.
나 믿어도 되는 거 알지? 말해봐.

Jinyoung OK. Youngchul is moving to Alaska!
알겠어. 영철이 알래스카로 이사 간대!

Peter What?!
Now **I'm dying to tell someone** else!
뭐라고?! 나도 누군가한테 말하고 싶어서 미치겠네!

 **피터의 한마디**

영국에서도 비밀을 누군가에게 털어놓고 싶을 때 쓰는 표현이 있긴 해요. 다만 한국에서 흔히 하는 '임금님 귀는 당나귀 귀' 이야기는 영국 사람들에겐 생소하죠. 비밀을 혼자 간직해야 할 때면 말하고 싶은 마음이 막 벅차오르잖아요? 그럴 때 영어로는 흔히 "I'm dying to tell someone", 즉 '말하고 싶어 죽겠다'는 식으로 표현해요. 그만큼 감정이 폭발 직전이라는 걸 강조하는 거죠. 'I'm dying to~'는 무언가 하고 싶어서 참을 수 없을 때 쓰는 표현이에요. 예를 들어 "I'm dying to play football"은 "축구하고 싶어 죽겠어!"라는 말이죠.

TIP

참고로 '당나귀'는 영어로 donkey인데요, 영국에서는 축구를 할 때 공을 정말 못 다루는 친구를 보고 donkey라고 부르기도 해요. 예를 들어 "He's such a donkey!"라고 하면, "쟤 진짜 축구 못해"라는 의미죠.

문장 활용해보기

Can you keep a secret? I'm dying to tell someone this.
비밀 지켜줄 수 있어? 임금님 귀는 당나귀 귀야.

Even if you're dying to tell someone, don't.
임금님 귀는 당나귀 귀라면, 말하지 마.

직접 써보기

I'm dying to tell someone.

안물안궁

피터, 한국에서는 누군가 말이 너무 많거나 굳이 안 해도 될 말을 계속할 때 "안물안궁"이라는 표현을 자주 써요. '안 물어봤고, 안 궁금해'의 줄임말인데, 말 그대로 듣고 싶지도 않고 관심도 없을 때 툭 던지는 한마디죠. 이런 느낌을 영국식 영어로는 어떻게 표현할 수 있을까요?

Didn't ask. Don't care.

 DIALOGUE 일상 대화로 표현 익히기

Jinyoung **Did you hear the new celebrity gossip?**
새로운 연예계 소문 들었어?

Peter **Didn't ask. Don't care.**
안물안궁!

Jinyoung **Wow, someone's not interested in the hottest news.**
와, 핫한 뉴스에 정말 관심 없구나.

Peter **Nope, I'm only interested in 진영영.**
응, 난 진영영에만 관심 있어.

피터의 한마디

영국에서도 누가 물어보지도 않았는데 자기 얘기만 줄줄이 늘어놓거나 전혀 관심 없는 이야기를 계속하는 사람이 있어요. 이럴 때 영어로는 "Didn't ask. Don't care"라고 말할 수 있습니다. 직역하면 "물어보지도 않았고, 신경도 안 써"라는 뜻인데, 한국의 '안물안궁'과 아주 비슷한 뉘앙스를 가집니다. 다만 이 표현은 꽤 직설적이고 강하게 들릴 수 있기 때문에 상황에 따라 신중하게 쓰는 게 좋아요. 친한 친구 사이에서 가볍게 툭 던질 때는 괜찮지만, 낯선 사람에게는 조금 공격적으로 느껴질 수 있답니다.

TIP

비슷한 맥락에서 "Don't know. Don't care"라는 표현도 자주 쓰여요. 말 그대로 "몰라, 그리고 알고 싶지도 않아"라는 뜻으로, 어떤 정보에 대해 전혀 관심 없고 알고 싶지도 않다는 태도를 드러낼 때 사용됩니다.

문장 활용해보기

Why are you telling me this? Didn't ask. Don't care.
나한테 이걸 왜 말해주는 거야? 안물안궁.

Didn't ask. Don't care. I'm busy!
안물안궁. 나 바빠!

직접 써보기

Didn't ask. Don't care.

LESSON 112

꿩 대신 닭

"꿩 대신 닭"이라는 표현 들어봤나요? 한국에서는 원하는 걸 구할 수 없는 경우, 그와 비슷한 걸로 대신할 때 쓰는 말이에요. 혹시 영국식 영어에도 이런 상황을 표현하는 재미있는 말이 있을까요?

the next best thing

 DIALOGUE 일상 대화로 표현 익히기

Jinyoung **Did you get tickets for the concert?**
콘서트 티켓 구했어?

Peter **No, they were sold out.**
아니, 다 매진됐더라.

Jinyoung **That's a shame. What will you do instead?**
아쉽겠다. 그럼 대신 어떻게 할 거야?

Peter **We'll watch the live stream. It's the next best thing.**
라이브 스트리밍을 보려고. 꿩 대신 닭이니까.

피터의 한마디

제가 한국에 와서 이 표현을 처음 들었을 때 다르게 해석했어요. 영국에서는 꿩이 약간 상류층의 고급 음식이라는 이미지가 있어서 좋은 걸 써야 하는데 평범하거나 부족한 걸 쓴다는 의미의 부정적인 표현인 줄 알았던 거죠. 하지만 알고 보니, 원하는 것을 얻을 수 없을 때 그 대신 비슷한 것으로 만족하자는 뜻이더라고요. 영어로는 이런 상황에서 'the next best thing'이라는 표현을 써요. 직역하면 '그다음으로 좋은 것', 즉 2등이지만 그래도 나름 괜찮은 선택이라는 의미죠. 저는 여러분을 직접 만나 영국 영어를 소개해드릴 수는 없지만, 이 책을 통해 전해드리는 게 바로 It's the next best thing!

TIP

'best'라는 단어가 나온 김에 "그냥 최고다!"라는 의미로 자주 쓰이는 표현을 소개해볼게요. 바로 'simply the best'입니다. 유명한 노래의 제목으로도 잘 알려져 있죠. 이 표현은 사람, 물건, 상황 등 어떤 대상이든 칭찬할 때 쓸 수 있어요. 말 그대로 "그냥 최고야!" 간단하면서도 임팩트 있는 찬사죠.

문장 활용해보기

Hey, at least it's the next best thing!
아, 그래도 꿩 대신 닭이잖아!

What's the next best thing?
그나마 꿩 대신 닭이 뭐야?

직접 써보기

the next best thing

LESSON 113

개천에서 용 난다

피터, "개천에서 용 난다"라는 표현 들어보신 적 있나요? 한국에서는 평범하거나 열악한 환경에서 태어난 사람이 큰 성공을 거두었을 때 쓰는 말이에요. 그런데 왠지 영국식 영어에는 이런 뉘앙스를 담은 표현은 없을 것 같기도 한데, 제 생각이 맞을까요?

The apple fell far from the tree.

 DIALOGUE 일상 대화로 표현 익히기

Jinyoung Did you hear about John's new career as an artist?
존이 최근에 화가로 새출발했다는 거 들었어?

Peter Really? His parents are both engineers.
진짜? 부모님 두 분 다 엔지니어잖아.

Jinyoung Yeah, **the apple fell far from the tree.**
응, 완전 개천에서 용 난 거지.

Peter He's definitely choosing his own path.
진짜 자기 길을 가고 있네.

피터의 한마디

서양에서의 '용(dragon)'은 동양과는 꽤 다르게 인식돼요. 보통 물과는 큰 관련이 없고, 위엄 있는 존재라기보다는 무섭고 파괴적인 괴물에 가깝죠. 영국의 수호 성인인 성 조지(St. George)도 '나쁜 용을 죽인 영웅'으로 유명하답니다. 이제 본론으로 돌아가서, 영국에는 누군가가 태어난 환경과는 전혀 다른 삶을 살게 되었을 때 쓰는 표현이 있어요. 바로 "The apple fell far from the tree"입니다. 직역하면 '사과가 나무에서 멀리 떨어졌다'는 말이죠. 이 표현은 긍정적인 경우, 예를 들어 힘든 가정에서 자랐지만 성공한 경우에도 쓰이고 반대로 아주 좋은 집안에서 자랐지만 크게 실패했을 때도 쓸 수 있어요.

TIP

이 표현은 사실 기존 관용어에서 파생된 반대 버전이에요. 원래 표현은 "The apple doesn't fall far from the tree", 즉 '사과는 나무 가까이에 떨어진다', 곧 아이는 부모를 닮는다는 의미죠.

문장 활용해보기

In the case of your son, it looks like the apple did fall far from the tree.
당신 아들은 개천에서 용 난 경우 같아.

I know they say the apple doesn't fall far from the tree, but their kids are so different to them.
부전자전이라고 하지만, 그 집 애들은 부모랑 정말 많이 다르더라고요.

직접 써보기

The apple fell far from the tree.

LESSON 114

뒷북치지 마!

피터는 새로 나온 기술이나 새롭게 생긴 규칙 같은 것에 금방 적응하는 편이세요? 아니면 좀 늦게 알아차리는, 일명 '뒷북치는' 스타일이신가요? 어느 쪽이든, 영국식 영어로 "뒷북치지 마!"는 어떻게 말할 수 있을까요?

Get with the programme!

DIALOGUE 일상 대화로 표현 익히기

Jinyoung **I still don't understand this new software.**
아직도 이 새 소프트웨어를 잘 모르겠어.

Peter **Come on, it's been weeks.
You need to get with the programme!**
에이, 벌써 몇 주째잖아. 이제 뒷북치지 마!

Jinyoung **I know, I'll spend more time on it tonight.**
알겠어. 오늘 밤에 시간을 좀 더 써볼게.

Peter **Good, it's really not that hard.**
좋아, 정말로 그렇게 어렵지 않아.

피터의 한마디

뒷북… 드럼인가요? 뭔가 타이밍을 살짝 놓쳐서 늦게 치는 느낌이 있잖아요. 결국 '뒤처진다'는 의미랑도 비슷하죠. 저는 뭐… 원래 유연하고 빠르게 적응하는 스타일이라고 말하고 싶지만, 이제는 나이를 속일 수가 없네요. 요즘은 정말로 점점 따라가기 힘들어요! 그래서 이 "뒷북치지 마!", 즉 "뒤처지지 말고, 빨리 적응해!"라는 표현의 핵심을 영어로 딱 집어 말하면 바로 "Get with the programme!"이에요. programme은 TV 프로그램, 연극 안내 책자, 학업 과정이나 업무 계획 등 여러 가지 뜻을 갖고 있지만, 이 표현에서는 일정한 흐름이나 시스템, 변화에 맞춰가야 한다는 의미로 쓰여요. 그래서 "Get with the programme!"은 "뒷북치지 말고 이제 좀 따라와!", "분위기 파악하고 발맞춰야지~"라는 뉘앙스로 아주 자주 쓰이는 표현이에요.

TIP

programme은 영국식 철자고, 미국에서는 program이라고 써요.

문장 활용해보기

**I just can't get with the programme.
The new boss is too demanding.**
나 진짜 뒷북치게 되네. 새 상사는 너무 요구사항이 많아.

You forgot your goggles again? Get with the programme!
또 고글 깜빡했어? 뒷북치지 말고 제대로 따라와!

직접 써보기

Get with the programme!

LESSON 115

낄끼빠빠

피터, "낄끼빠빠"라는 말 들어보셨나요? 상황에 맞게 낄 땐 끼고 빠질 땐 빠지는 센스를 뜻하는 유행어예요. 말 그대로 어울릴 때는 자연스럽게 참여하고, 눈치껏 빠져야 할 땐 조용히 사라지는 그 타이밍! '낄끼빠빠'를 영국에서는 어떻게 표현하나요?

Read the room!

 DIALOGUE 일상 대화로 표현 익히기

Jinyoung **I made a joke and no one laughed.**
내가 농담했는데 아무도 안 웃었어.

Peter **What did you say?**
뭐라고 했길래?

Jinyoung **Something about how boring the meeting was.**
회의가 얼마나 지루한지에 대한 농담이었어.

Peter **Read the room!**
No one was in the mood for a joke.
낄끼빠빠해! 아무도 농담할 기분이 아니었잖아.

피터의 한마디

한국에는 이런 줄임말이 정말 많고, 새로 생기는 속도도 엄청 빨라서 늘 신기해요! 제가 외국인이라서 못 따라가는 건 아니겠죠? 그리고 이 표현은 영어로 100% 직역하면 안 된다는 느낌이 바로 오시죠? 영어에는 "Read the room"이라는 표현이 있어요. 직역하면 "방을 읽어라"인데, 한국어로는 좀 어색하게 들릴 수 있어요. 그런데 '방' 대신 '분위기'로 바꿔서 생각하면 이해가 쉬워져요. 즉, "분위기 좀 읽어라", "사람들 마음을 파악해라" 이런 의미죠. "Read the room"은 누군가가 눈치 없이 행동했을 때 정말 자주 쓰이는 표현이에요. 대화나 모임, 회의 등 다양한 상황에서 쓰일 수 있어서 아주 실용적이죠!

TIP

다만, 영어에서 "Read the atmosphere"라고 하면 어색합니다! 이건 원어민이 잘 안 쓰는 표현이에요.

문장 활용해보기

Can't you read the room? How could you say that?
낄끼빠빠 못 해? 어떻게 그런 말을 할 수가 있어?

Read the room.
Everyone was joking around, not talking about politics.
낄끼빠빠! 다들 정치 이야기가 아니라 농담하고 있었잖아.

직접 써보기

Read the room!

LESSON 116

남의 떡이 더 커 보인다

아무리 착한 사람이라도 '남의 떡이 더 커 보이는' 마음을 사실은 다들 한번쯤 느껴봤겠죠? 이 표현을 영어로는 어떻게 말할까요? 물론 영국에는 떡이 없을 테니까 영국인들은 남의 빵이 더 커 보인다고 하려나요?

The grass is always greener on the other side.

 DIALOGUE 일상 대화로 표현 익히기

Jinyoung **I wish I had a sports car like Lucky. I bet he is happy.**
나도 럭키처럼 스포츠카가 있었으면 좋겠어. 걘 분명 행복할 거야.

Peter **I'm sure he has his problems too.**
걔도 나름의 고민이 있을 텐데, 뭐.

Jinyoung **He's got his own business and a beautiful girlfriend.**
자기 사업도 운영하고, 여자 친구도 예쁘잖아.

Peter **The grass is always greener on the other side.**
원래 남의 떡이 더 커 보이는 법이지.

 **피터의 한마디**

사람이라면 누구나 한번쯤은 남을 부러워하고, 남이 가진 게 괜히 내 것보다 더 좋아 보일 때가 있어요. 영국에서는 이 감정을 아주 재치 있게 표현하는데요, 음식이 아니라 영국인들이 특히 사랑하는 잔디에 비유해요. "The grass is always greener on the other side." 여기서 the other side는 말 그대로 옆집 마당일 수도 있고, 강 건너의 땅일 수도 있어요. 영국에 한 번이라도 가본 사람이라면 느꼈을 거예요. "와, 여긴 진짜 초록색이다!" 정말 1년 내내 여기저기 잔디와 나무들이 초록초록하거든요. 그래서 그런지 영국 사람들은 남의 마당 잔디가 더 푸르게 보이면 괜히 더 부러워지는 거예요.

TIP

영국에서 사람을 가리켜 'grass'라고 하면 남을 밀고하는 사람, 특히 경찰에게 정보를 넘기는 밀고자나 정보원을 뜻해요.

문장 활용해보기

A warning before you choose; the grass isn't always greener on the other side.
네가 선택하기 전에 한 가지만 조언할게. 남의 떡이 항상 커 보이는 법이야.

I know they say the grass is always greener on the other side, but I think moving there will be great.
남의 떡이 더 커 보인다고 하지만, 그래도 그쪽으로 이사 가면 참 좋을 것 같아.

직접 써보기

The grass is always greener on the other side.

CHAPTER 5 유머의 표현

LESSON 117

변덕이 죽 끓듯

피터의 한국어 실력이 꽤 좋은 편인 건 알지만, 제가 궁금한 표현까지 아는지는 잘 모르겠어요. "변덕이 죽 끓듯 하다"라는 말인데요. 혹시 이 표현을 알고 있을까요? 그리고 안다면 영국식 영어로는 어떻게 말하는지 궁금해요.

She changes her style like she changes her clothes.

 DIALOGUE 일상 대화로 표현 익히기

Jinyoung Wow. Mary has dyed her hair bright green this time.
와. 메리가 이번엔 머리를 밝은 초록색으로 염색했어.

Peter It is an impactful look for sure.
확실히 강렬한 스타일이네.

Jinyoung She changes her style like she changes her clothes.
변덕이 죽 끓듯 하네.

Peter I cannot keep track of her new looks almost every week.
거의 매주 새로운 스타일이라 도저히 따라잡을 수가 없어.

 **피터의 한마디**

솔직히 저도 이번에 처음 알았어요. "변덕이 죽 끓듯 한다"는 말, 참 재밌네요. 그런데 특히 누군가의 패션 스타일에 대해서 영어로 이렇게 말할 수 있어요. "She changes her style like she changes her clothes." change는 뭔가를 바꿀 때 쓰는 기본적인 동사죠. 그런데 옷을 갈아입을 때도 'change clothes'라고 하잖아요? 그래서 이런 식으로 표현하면 유쾌하게 '자주 바꾼다'는 의미를 전할 수 있어요. 이 표현은 여러 상황에서 응용 가능해요. 예를 들어 어떤 남자가 여자 친구를 자주 바꾸는 경우엔 이렇게 말할 수 있죠. "He changes girlfriends like he changes his clothes." 한국말로 하면 좀 과한 느낌일 수 있지만, 영어에서는 익숙한 농담처럼 들립니다. 영어 유머까지 이해한다면 여러분 영어가 진짜 많이 는 겁니다! 역시 진영영이죠.

TIP

'a change of clothes'라는 표현도 있는데 단순히 옷을 바꿔 입는다는 뜻이 아니라, 땀에 젖거나 더러워졌을 때 갈아입을 여벌 옷을 의미해요.

문장 활용해보기

How can she change her style like she changes her clothes?! She's so brave with her fashion.
변덕이 죽 끓듯 하네. 그녀의 패션은 정말 대단해.

I didn't recognize you! You change your style like you change your clothes.
널 못 알아봤어! 변덕이 죽 끓듯 스타일을 바꾸는구나.

직접 써보기

She changes her style like she changes her clothes.

CHAPTER 5 유머의 표현

LESSON **118**

그렇다 치고

가끔 대화를 하다 보면 의견 차이가 있을 때 "그래, 그렇다 치고…"라고 넘어갑니다. 근데 이 표현을 영국식 영어로는 도대체 어떻게 말해야 할지 모르겠어요. 피터, 도와주세요. Help me!

Let's just say that's the case.

 DIALOGUE 일상 대화로 표현 익히기

Jinyoung **So, as I was saying, Sally is in love with John….**
그러니까 아까 말했잖아. 샐리가 존이랑 사랑에 빠졌대….

Peter **OK. Let's just say that's the case. Who cares?**
알았어. 그렇다고 치는데, 그게 우리랑 무슨 상관이야?

Jinyoung **If Sally loves John then we need to tell Mary who has a crush on him too.**
샐리가 존을 좋아한다면, 존한테 마음이 있는 메리에게 말해줘야 하지 않을까?

Peter **Don't be silly. It's none of our business.**
말도 안 돼. 우리가 신경 쓸 일이 아니야.

 **피터의 한마디**

제가 외국인이라서 그런 걸까요? 누군가 저한테 "Let's just say…"라고 말하면 괜히 무시당한 느낌이 들어요. 아마 영어에서 이 표현이 약간 비꼬거나 냉소적인 뉘앙스를 줄 수 있어서 그런 것 같아요. 그래서 사용할 때는 좀 조심하는 게 좋겠죠. "Let's just say"는 말 그대로 "그렇다고 치자", "가정해보자"라는 뜻이에요. 예를 들어 "Let's just say we had a million pounds"는 "우리한테 백만 파운드가 있다고 해보자"라는 의미죠. "Let's just say that's the case"에서 case는 suitcase 같은 물건이 아니라 어떤 상황이나 사실을 가리켜요. 그래서 이 표현은 "그렇다고 치고…", "그게 사실이라고 해두자…"라는 의미로 쓰이죠.

TIP

친구가 "Let's~"라며 무언가를 하자고 제안했을 때, 그게 자기도 하고 싶은 일이라면 간단하게 "Let's!"라고만 대답해도 "그래, 하자!", "좋아!"라는 의미가 됩니다.

문장 활용해보기

Fine. Let's just say that's the case.
It still doesn't change things.
좋아, 그렇다 치자. 그래도 달라지는 건 없어.

I think you're wrong but let's just say that's the case.
난 네가 틀렸다고 생각하지만, 그렇다 치자.

직접 써보기

Let's just say that's the case.

LESSON 119

너는 계획이 다 있었구나

뭔가를 미리 완벽하게 계획해놓은 사람에게 "너는 계획이 다 있었구나"라고 말합니다. 예를 들어 친구가 아무 말 없이 도시락을 챙겨 왔길래 왜 그런가 했는데, 알고 보니 점심시간에 식당이 닫는 것까지 미리 알아본 거예요. 그 순간 딱 이렇게 말하고 싶어지죠. "너는 계획이 다 있었구나!" 이럴 때 영국식 영어로는 어떻게 표현하면 좋을까요?

You had this all planned out.

 DIALOGUE 일상 대화로 표현 익히기

Jinyoung **Tottenham beating Man City would help Arsenal, right?**
토트넘이 맨시티한테 이기면 아스널한테 도움이 되는 거지?

Peter **Exactly! I need Spurs to win.**
맞아! 토트넘이 꼭 이겨줘야 해.

Jinyoung **Wow. You had this all planned out.**
와, 너는 계획이 다 있었구나.

Peter **Always thinking two steps ahead!**
항상 두 수 앞을 내다보지!

 **피터의 한마디**

저 같은 아스널 광팬들은 아스널의 우승을 위해 라이벌 토트넘의 승리까지 바라게 되는 상황이 생기기도 하죠. 이럴 때 누군가 "너는 계획이 다 있었구나" 하고 말할 수 있어요. 영어로는 "You had this all planned out"이라고 말해요. 여기서 중요한 건 planned와 planned out의 뉘앙스 차이예요. planned는 단순히 '계획했다'는 뜻이라면, planned out은 처음부터 끝까지 아주 세밀하게 계획했다. 즉 '치밀하게 다 짜여 있다'는 느낌이 훨씬 강해요. 그래서 어떤 상황이 딱 들어맞고 누가 봐도 "이건 우연이 아니라 처음부터 계획된 거잖아?" 싶을 때, planned out이 딱 맞는 표현입니다.

TIP

계획에 대해 이야기할 때 자주 쓰는 표현 중 하나가 바로 "Sounds like a plan"이에요. 누군가가 뭔가를 제안했을 때, "그래, 좋아!", "좋은 생각인데?", "그렇게 하자!"라는 느낌으로 가볍고 긍정적으로 동의할 때 자연스럽게 쓰는 말이에요.

문장 활용해보기

She had everything planned out for the trip. So impressive.
그녀는 여행을 위해 모든 걸 완벽하게 계획해놨어. 정말 인상적이야.

You had this all planned out from the beginning, didn't you?
처음부터 다 계획이 있었던 거지, 그렇지?

직접 써보기

You had this all planned out.

LESSON 120

입이 궁금하다

배가 막 고픈 건 아닌데 괜히 과자 봉지를 뜯고 싶고, 뭔가 계속 주워 먹고 싶을 때가 있어요. 그럴 때면 "입이 궁금하다~"라고 하는데요, 이 귀엽고 재미있는 표현을 영국식 영어로는 어떻게 말할까요?

I feel a bit peckish.

 DIALOGUE 일상 대화로 표현 익히기

Jinyoung **Aren't you hungry yet?**
아직 배 안 고파?

Peter **I guess I'm starting to feel a bit peckish.**
슬슬 입이 궁금해지는 것 같아.

Jinyoung **Then let's grab some chips.**
그럼 감자튀김이라도 좀 먹자.

Peter **Sounds good to me.**
좋은 생각이야.

피터의 한마디

"My mouth is curious"는 아쉽게도 영어 표현엔 없어요! 영어에서는 '입'이 들어가는 표현보다 그냥 간접적으로 말하는 경우가 많죠. 예를 들어 "I feel a bit peckish" 같은 표현이 있어요. 여기서 peckish는 살짝 배가 고플 때, 즉 출출할 때 쓰는 표현이에요. 이 단어의 peck은 원래 새가 쪼아 먹는다는 뜻인데요, 새들이 조금씩 먹는 습성에서 유래해서 peckish는 '조금 배고픈 상태'를 뜻하게 됐습니다. 한국어에는 "입이 심심하다"라는 정말 재미있는 표현이 있잖아요? 직역하면 "My mouth is bored"인데, 이 말을 하면서 뭘 주워 먹고 있으면 원어민들 입장에선 유머러스하고 귀엽게 들릴 수도 있어요!

TIP

peck에는 또 다른 뜻이 있어요. 바로 짧게 하는 뽀뽀, 즉 '(살짝) 뽀뽀하다'라는 의미예요. 새가 잠깐 쪼듯이 가볍게 입맞추는 걸 말하죠.

문장 활용해보기

Let's have some nuts. I feel a bit peckish.
견과류 좀 먹자. 나 입이 좀 궁금해.

Are you feeling a bit peckish?
Shall we eat something at the café?
입이 궁금하지? 카페에서 뭐 좀 먹을래?

직접 써보기

I feel a bit peckish.

LESSON 121

그것 참 명언이다

누군가가 진심을 담아 경험에서 우러나온 조언이나 인생의 진리를 딱 한 줄로 간결하게 말했을 때 반사적으로 이렇게 말합니다. "와, 그것 참 명언이다!" 지나가듯 던졌는데 묵직하게 마음에 남는 말에 이런 반응이 절로 나오는데요. 이럴 때 영국식 영어로는 어떻게 표현할까요?

That's a pearl of wisdom.

 DIALOGUE 일상 대화로 표현 익히기

Jinyoung Don't waste time worrying about things you can't control.
네가 어떻게 할 수 없는 일을 걱정하느라 시간 낭비하지 마.

Peter Wow… **That's a pearl of wisdom.**
와… 그것 참 명언이다.

Jinyoung It took me years to learn it.
나도 그걸 깨닫는 데 몇 년 걸렸어.

Peter Well, I'm writing it down right now.
음, 난 지금 당장 적어놔야겠다.

피터의 한마디

누가 상황에 딱 맞는 말을 해줬을 때 영어로는 "That's a pearl of wisdom"이라는 표현을 씁니다. 여기서 pearl은 '진주'라는 뜻이죠. 즉, '인생의 경험에서 얻은 보석 같은 조언'이라는 의미예요. 짧지만 깊은 울림이 있는 한마디에 딱 어울리는 표현입니다. 이 말은 원래 "Cast pearls before swine", 번역하면 '돼지에게 진주를 던지다', 즉 '아무리 귀한 말을 해도 귀 기울이지 않으면 소용없다'라는 속담에서 유래했어요. 그래서 'pearl of wisdom'에는 단순한 정보 이상의 깊이가 있는 조언이라는 뉘앙스가 담겨 있습니다. 영국에서도 미국에서도 공감할 만한 조언이나 인생의 진리를 담은 한마디에 자주 쓰이는 표현이랍니다.

TIP

물론 상황에 따라 quote, expression, line 같은 단어도 쓸 수 있지만, pearl of wisdom 은 그중에서도 특히 무게감 있고 마음에 오래 남는 말을 강조할 때 딱이에요.

문장 활용해보기

My dad once told me, "Know when to walk away."
That's a pearl of wisdom.
예전에 아빠가 말씀하셨어. "물러설 때를 알아야 해." 그것 참 명언이야.

Let me share a pearl of wisdom with you.
Don't reply to emails when you're angry.
명언 하나를 공유할게요. 화났을 땐 이메일에 답장하지 말 것.

직접 써보기

That's a pearl of wisdom.

LESSON 122

완전 꿀조합이네

친구랑 맛집에 갔는데 음식 조합이 미쳤을 때, 혹은 서로 너무 잘 어울리는 커플을 봤을 때 "완전 꿀조합이네~"라고 하죠. 어감이 참 귀여운 단어이기도 한데요, 영국식 영어로도 맛깔나게 표현할 수 있나요?

It's a belter of a combo!

 DIALOGUE 일상 대화로 표현 익히기

Jinyoung **This burger and fries together are amazing!**
이 버거랑 감자튀김 조합 정말 끝내준다!

Peter **It's a belter of a combo!**
완전 꿀조합이지!

Jinyoung **You really know your food, Peter.**
먹는 거 진짜 잘 아는구나, 피터.

Peter **Years of experience, mate.**
다 경험에서 나오는 거지, 친구.

피터의 한마디

완전 쿵짝이 잘 맞거나 정말 끝내주는 조합을 영국식으로 표현할 땐 'belter of a combo'라는 말을 써요. 원래 belter는 가수가 고음을 시원하게 내지르며 노래를 기깔 나게 부를 때 쓰는 말인데, 요즘엔 음식, 경기, 사람 조합 등 뭔가 아주 뛰어난 것 전반에 다 쓰이게 됐어요. 영국식 영어에선 이 belter가 주는 강한 느낌 덕분에 한국의 '꿀조합'이라는 말과 정말 잘 어울리죠. 참고로 외국 패스트푸드점에서는 한국처럼 "콤보 주세요"보다는 meal이라는 표현을 더 자주 써요. 예를 들어 "I'll have the number 2 meal, please(2번 세트 하나 주세요)"처럼요. 그래서 영국인이 "This is a belter of a combo!"라고 말한다면 그냥 조합이 괜찮은 걸 넘어서 진짜 찐으로 어울리는 꿀조합이라는 의미랍니다.

TIP

물론 combo도 combination의 줄임말로 맞는 말이긴 하지만, 실제 회화에서는 meal이 훨씬 더 흔하게 쓰인다는 점을 기억해두시면 좋아요.

문장 활용해보기

This chicken and beer is a belter of a combo!
이 치킨과 맥주는 진짜 꿀조합이야!

You and I working together? A belter of a combo!
너랑 나랑 같이 일하면? 완전 꿀조합이지!

직접 써보기

It's a belter of a combo!

LESSON 123

세상에 공짜는 없어

누군가 뭔가를 호의로 베풀거나 무료라고 홍보하는 걸 보면 괜히 의심부터 들 때가 있어요. 그럴 때 한국에서는 "세상에 공짜는 없어"라고 말합니다. 영국에서도 비슷한 상황이 있을까요? 그렇다면 이런 경우 어떻게 표현하나요?

Nothing comes for free.

DIALOGUE 일상 대화로 표현 익히기

Jinyoung **They say the app is totally free.**
그 앱 완전 무료래.

Peter **Sure… until you hit the paywall.**
그렇겠지… 유료 구간이 나오기 전까지는.

Jinyoung **Yeah, I guess nothing comes for free.**
맞아, 진짜 세상에 공짜는 없는 것 같아.

Peter **Especially when it looks too good to be true!**
특히 너무 좋아 보이면 더더욱 그렇지.

피터의 한마디

영어에서도 이처럼 경고하듯 자주 쓰는 표현이 있어요. "Nothing comes for free"는 말 그대로 '세상에 공짜는 없다'라는 의미예요. 영국과 미국 모두에서 일상적으로 널리 쓰이는 표현이고요. 분위기에 따라 "Nothing comes for free in this world"처럼 조금 더 강조해서 말할 수도 있어요. 비슷한 표현으로는 "There's no such thing as a free lunch"도 있는데요, 이건 조금 더 격식 있고 경제적인 맥락에서 자주 등장해요. '누군가 점심을 사준다면, 그 뒤엔 분명 뭔가 기대하는 게 있다'는 의미죠. 즉, 겉으론 공짜여도 결국 대가가 따른다는 걸 뜻하는 표현이에요.

TIP

"Nothing is free" 또는 줄여서 "Nothing's free"라고도 자주 말해요. "Nothing comes for free"와 뜻은 같지만, 더 짧고 직설적인 표현이에요.

문장 활용해보기

He offered to help, but nothing comes for free.
그가 도와주겠다고 했지만, 세상에 공짜는 없지.

In this world, nothing comes for free — you always pay somehow.
이 세상에 공짜는 없어. 어떤 식으로든 대가를 치르게 돼.

직접 써보기

Nothing comes for free.

LESSON 124

생각하기 나름이야

같은 말이라도 어떻게 받아들이느냐에 따라 기분이 완전히 달라지곤 하죠. 누군가는 무심하게 흘려보내고, 누군가는 며칠을 곱씹으며 속상해하기도 하고요. 이럴 때 한국에서는 "생각하기 나름이야"라고 말하는데, 영국식 영어로는 어떻게 표현할까요?

It's all in the mindset.

 DIALOGUE 일상 대화로 표현 익히기

Jinyoung I feel like I failed just because I didn't get first place.
1등 못 했다고 괜히 실패한 기분이 들어.

Peter Hey, **it's all in the mindset.**
야, 그건 다 생각하기 나름이야.

Jinyoung You're right. I should be proud I finished.
맞아. 끝까지 완주한 것만으로도 자랑스러운 일이지.

Peter Exactly! You did really great.
바로 그거지! 진짜 잘했어.

 **피터의 한마디**

"It's all in the mindset"이라는 표현은 '모든 건 사고방식에 달려 있다'는 뜻이에요. 여기서 mindset은 단순한 생각이나 감정이 아니라 세상을 바라보는 방식, 태도, 삶을 대하는 전반적인 관점을 의미하죠. 즉, 같은 상황도 어떤 mindset을 갖고 있는지에 따라 전혀 다르게 받아들여질 수 있다는 뜻입니다. 비슷한 표현으로는 "It depends on your attitude"가 있지만 attitude는 겉으로 드러나는 태도에 가깝고, mindset은 좀 더 내면적인 사고 틀에 초점을 둬요. 그래서 mindset이란 단어는 특히 자기계발, 동기부여, 심리적인 성장에 관한 문맥에서 자주 등장합니다. 결론적으로 "It's all in the mindset"은 영국이나 미국 모두에서 자연스럽게 쓰이는 표현이고, 특히 힘들거나 도전적인 상황 속에서도 긍정적인 태도를 가지자는 뜻으로 많이 쓰여요.

TIP

"It's all in the mind"라고 하면 약간 다른 뉘앙스예요. 이건 '실제 상황이 아니라 네가 그냥 그렇게 느끼는 거야'라는 의미로, 현실 부정을 암시하며 약간 부정적인 느낌을 줘요.

문장 활용해보기

Running a marathon is tough, but it's all in the mindset.
마라톤은 힘들지만, 결국 생각하기 나름이죠.

If you want to succeed, remember — it's all in the mindset.
성공하고 싶다면, 기억하세요. 모든 건 생각하기 나름입니다.

직접 써보기

It's all in the mindset.

LESSON 125

내 말이 그 말이야

대화를 하다가 상대방이 내가 하려던 말을 먼저 하면 순간적으로 "어, 내 말이 그 말이야!" 하고 튀어나오죠. 이 표현은 단순한 동의가 아니라 생각이 완벽히 일치할 때 느껴지는 반가움과 공감이 담긴 말이에요. 이럴 때 영국식 영어로는 어떻게 표현하면 좋을까요?

That's what I'm talking about.

 DIALOGUE 일상 대화로 표현 익히기

Jinyoung **This café has the best scones in town.**
이 카페 스콘이 동네에서 제일 맛있어.

Peter **Right? That's what I'm talking about.**
맞지? 내 말이 그 말이야.

Jinyoung **We should come here more often.**
우리 여기 자주 오자.

Peter **Totally — it is the most delicious place ever.**
완전 동의, 여긴 진짜 최고로 맛있는 곳이야.

피터의 한마디

진짜 공감돼서 마음이 딱 맞는 순간에 나오는 말이 "That's what I'm talking about!"입니다. 이 표현은 누군가의 말이나 행동이 내가 원하던 것과 정확히 일치할 때 기쁜 마음으로 쓰는 감탄사예요. 문법적으로는 현재진행형 문장이지만, 실제로는 "그래, 바로 그거야!", "내가 말하던 게 이거지!"라는 느낌으로 쓰이죠. 누군가 맛집을 추천해줬는데 진짜 맛있을 때, 친구가 내가 딱 원하는 말을 해줬을 때, 게임에서 팀원이 완벽한 플레이를 해줬을 때 영국에서도 자주 쓰이고, 미국에서도 아주 친근하고 캐주얼한 표현으로 널리 사용됩니다. 기쁨, 공감, 흥분까지 담긴 표현이라 강한 동의와 만족감을 표현하고 싶을 때 특히 잘 어울려요!

TIP

비슷한 표현으로는 "Exactly!", "My thoughts exactly!" 등이 있습니다.

문장 활용해보기

You brought snacks and drinks?
That's what I'm talking about!
간식이랑 음료까지 챙겨왔다고? 그래, 바로 이거지!

When she finally stood up for herself, I thought, that's what I'm talking about.
그녀가 마침내 자기 의견을 당당히 말했을 때 생각했어. 그래, 바로 이거지!

직접 써보기

That's what I'm talking about.

영국 이모저모 5

영국 UK

누가 저한테 영어로 "Where are you from?"이라고 물어보면 저는 항상 "England"라고 대답해요. 그런데 한국어로 "어디서 왔어요?"라고 물어보면 "영국이요(United Kingdom이라는 말이죠)"라고 하죠. 이 차이가 바로 '영국'이 애매한 개념이라는 증거예요.

영국의 공식 국명은 정확히 말하면 The United Kingdom of Great Britain and Northern Ireland(UK)입니다. 이름도 길고 헷갈리죠? 여기서 Great Britain은 잉글랜드, 웨일스, 스코틀랜드 이 세 나라가 있는 가장 큰 섬을 가리켜요. (토끼 모양이라고 상상하면 쉬워요.) 그리고 북아일랜드는 바로 옆 섬의 북쪽 지역을 의미합니다.

많이들 물어보는 게 "그럼 잉글랜드, 웨일스, 스코틀랜드, 북아일랜드는 도대체 뭐예요? 나라인가요?"라는 질문이에요. 아까 말씀드렸듯이, 누가 "어디서 왔어?"라고 물으면 저는 "잉글랜드"라고 대답해요. 그러면 "잉글랜드도 나라네?"라고 생각하겠지만, 이게 참 애매해요. 공식적으로는 UK라는 '하나의 나라' 안에 네 지역이 있는 셈이에요.

예전에는 이 네 지역이 모두 독립된 나라였어요. 잉글랜드가 먼저 웨일스를 정복하고, 이후 스코틀랜드와 아일랜드도 정복했죠. (물론 남쪽 아일랜드는 그 후에 독립했습니다.) 이렇게 네 나라가 묶여서 지금의 영국이 된 거예요. 그래서 영국 국기를 보면 잉글랜드, 스코틀랜드, 북아일랜드의 국기가 합쳐져 있어요. 참고로 웨일스 국기는 이미 잉글랜드가 정복한 상태였기 때문에 포함되지 않았어요.

각 지역의 문화, 언어, 심지어 억양도 모두 달라서 사람들은 "나는 웨일스

출신이에요", "나는 스코틀랜드 사람이에요", "나는 북아일랜드 사람이에요"라고 말해요. "나는 영국 사람이에요"라고 대답하는 경우는 거의 못 봤어요. 지역별로 서로 티격태격하기도 하고, 신기한 구조죠.

많이 헷갈리게 생각하시는 부분이 스포츠예요. 올림픽에서는 '영국'이라는 이름으로 한 팀이지만, 월드컵 같은 스포츠 대회에서는 잉글랜드, 스코틀랜드, 웨일스, 북아일랜드가 각각 따로 출전해요. 약간 앞뒤가 안 맞는 것 같지만, 스포츠가 영국에서 시작된 경우엔 지역별로 따로 출전하는 경우가 많아요. 단, 올림픽을 주관하는 IOC에서는 영국을 '하나의 국가'로만 인정해요. 이제 좀 정리되셨나요? 사실 저도 영국 출신이지만 이 시스템을 100% 이해하기는 어려워요. 정치적으로 보면 총리는 한 명이지만, 웨일스, 스코틀랜드, 북아일랜드에는 각각 '자치의회' 같은 미니 국회가 따로 있어요. 최근에는 런던(웨스트민스터)에서 각 지역으로 점점 더 많은 권한을 넘겨주는 추세고요.

참고로 브렉시트 직전에 스코틀랜드 독립 투표도 있었는데, 정말 아슬아슬하게 '영국에 남자'는 쪽으로 결정됐어요. 그런데 브렉시트 이후로 스코틀랜드의 독립 여론이 더 커진 것 같아서, 제 생각엔 제가 살아 있는 동안 '영국'을 구성하는 나라 중 하나쯤은 독립하지 않을까 싶어요.

오늘의 문장
"We're at each other like cat and dog."
(서로 못 잡아먹어서 안달이야.)

UK를 구성하는 각 나라들은 종종 티격태격하곤 하죠. 마치 고양이와 강아지처럼 자주 부딪치지만, 그만큼 가깝고 밀접한 관계라는 뜻이기도 해요. 서로 다투면서도 떨어질 수 없는 사이랄까요.

CHAPTER 6

> **극적인
> 표현**
>
> Dramatic
> Expression

LESSON 126

역전 실패

주말에 제가 좋아하는 야구팀 경기가 있었는데, 0 대 3으로 지다가 4 대 3으로 역전했어요. 그 순간만큼은 이기겠구나 싶었는데… 결국 다시 뒤집혀서 졌어요. 역전하는 줄 알았는데, 결국엔 역전 실패. 영국식 영어로 '역전 실패'를 간단하게 표현할 수 있을까요?

fail to come from behind

 DIALOGUE 일상 대화로 표현 익히기

Jinyoung **Come on, boys! We can still win this!**
자, 얘들아! 아직 이길 수 있어!

Peter **We're two goals down with 5 minutes left.**
5분밖에 안 남았고 2점이나 지고 있는데.

Jinyoung **If we fail to come from behind, we'll lose the title.**
역전에 실패하면 우승은 못 하는 거야.

Peter **OK. One last big push, everyone! We can do it!**
좋아, 마지막 힘을 쥐어짜자! 우린 할 수 있어!

피터의 한마디

영어에 '역전'이라는 말과 딱 맞아떨어지는 단어는 없어요. 그래서 영어로는 풀어서 표현해야 해요. 예를 들어 come from behind는 직역하면 '뒤에서 따라오다'라는 뜻이죠. 즉, 지고 있다가 동점 또는 역전까지 간 상황을 말해요. 그래서 역전승은 a come-from-behind win, 역전 무승부는 a come-from-behind draw라고 하죠. 역전 무승부라는 말은 사실 한국어에서도 잘 안 쓰긴 하네요. 제가 이번에 다루고 싶은 표현은 '역전 실패'예요. 이럴 땐 앞에 fail to를 붙여서 fail to come from behind라고 표현해요.

TIP

come-from-behind와 come from behind의 차이는 문장에서 어떤 역할을 하느냐에 있어요. come-from-behind는 형용사처럼 쓰이는 표현이고, come from behind는 동사구로 쓰여요.

문장 활용해보기

Tottenham failed to come from behind for the third time this season.
토트넘은 이번 시즌 세 번째로 역전에 실패했습니다.

We came from behind to win 3-2. The best result of our lives!
우리는 역전승으로 3 대 2로 이겼어요. 인생 최고의 결과였죠!

직접 써보기

fail to come from behind

LESSON 127

무대를 찢었다

멋진 공연을 보고 난 후 "무대를 찢었다!"라고 외치고 싶었던 경험이 있나요? 단순히 'good'이나 'great'만으로 표현하기엔 너무 부족한데, 이런 폭발적인 무대를 영국식 영어로는 어떻게 말하나요?

They tore up the stage.

 DIALOGUE 일상 대화로 표현 익히기

Jinyoung **Blackpink were unbelievable tonight.**
오늘 밤 블랙핑크는 말도 안 되게 멋있었어.

Peter **They tore up the stage like no other group can.**
다른 어떤 그룹도 못 따라올 정도로 무대를 찢었지.

Jinyoung **I'm so proud K-Pop is big all over the world now.**
케이팝이 이렇게 전 세계에서 사랑받다니 너무 자랑스러워.

Peter **The popularity of Korean music is crazy right now.**
요즘 한국 음악의 인기가 장난 아니지.

피터의 한마디

상상만 해도 너무 소름 돋지 않아요? "무대를 찢었다"는 표현은 비교적 최근에 자주 쓰이기 시작한 말이죠? 제 추측엔, 요즘 한국 사람들의 영어 실력이 점점 좋아지면서 영어의 멋진 표현을 가져와 자연스럽게 한국식으로 바꿔 쓰는 경우가 많아지는 것 같아요. 오늘의 표현도 바로 그런 예입니다. "They tore up the stage." 여기서 tore는 tear의 과거형이고, 뒤에 붙은 up은 구동사를 더 강하게 만드는 강조 역할을 해요. 그래서 "They tore up the stage"는 말 그대로 "무대를 찢었다!"는 뜻이죠. 참고로 up 없이 "They tore the stage"라고 하면 의미도 어색하고, 부자연스러워요.

TIP

"Let's tear it up"은 "Let's smash it"처럼 쓸 수 있어요. 공연이나 경기에서 "우리 대박 나자!"라는 의미로 쓰는 표현이에요.

문장 활용해보기

All the musical actors and actresses tore up the stage tonight.
오늘 밤 모든 뮤지컬 배우들이 무대를 찢었어.

Let's tear up the stage! It's our last ever performance.
무대를 찢어버리자! 마지막 공연이잖아.

직접 써보기

They tore up the stage.

LESSON 128

나도 한 입만!

한국 사람들은 음식을 같이 나눠 먹는 걸 정말 좋아합니다! 그래서 자연스럽게 "내 것도 남겨 줘!", "나도 한 입만!"이라고 자주 하죠. 영국에서도 음식을 자주 나눠 먹나요? 그렇다면 영국에서는 이런 상황에서 어떻게 말하나요?

Leave some for me!

 DIALOGUE 일상 대화로 표현 익히기

Jinyoung **What are you eating? It looks so good.**
뭐 먹고 있어? 진짜 맛있어 보여.

Peter **This? It's my homemade fish and chips!**
이거? 내가 만든 피시앤칩스야.

Jinyoung **Leave some for me! Please.**
나도 한 입만! 제발.

Peter **You can have it all. It's disgusting.**
네가 다 먹어도 좋아. 진짜 맛없거든.

 **피터의 한마디**

이건 진짜 문화 차이인 것 같아요. 저는 영국에서 외식할 때면 커플끼리 음식을 나눠 먹지 않는 모습을 꽤 자주 봤거든요. 그럴 때마다 "와, 진짜 다르구나…" 느꼈어요. 저는 이 부분에서는 완전 한국파예요! 같이 외식했을 때 다양한 메뉴를 나눠 먹으면 얼마나 좋아요? 그래서 저도 가족이나 친구랑 외식할 때 자주 쓰는 표현이 있어요. 바로 "Leave some for me"입니다. 여기서 leave는 '떠나다'라는 뜻도 있지만 '남기다'라는 의미도 있어요. 그러니까 "Leave some for me"는 "내 것도 좀 남겨줘!", "나도 한 입만!"이라는 뜻이죠. 아, 이거 그냥 하는 말 아닙니다. 여러분께서 지금 드시고 있는 간식이나 음식이 있다면… 제 몫도 꼭 남겨주세요.

TIP

"한 입만!"이라고 영어로 말하고 싶을 때 "One mouth"라고 하면 어색하게 들려요. 이럴 땐 자연스럽게 "Just one bite"라고 표현하는 게 좋아요. 또는 "One mouthful"이라고도 할 수 있는데, 이 표현은 입안에 들어가는 양, 즉 한 입 분량의 양에 더 초점이 있어요.

문장 활용해보기

Hey honey, leave some chicken for me. I'm going to be late.
자기야, 치킨 내 거도 남겨줘. 좀 늦을 것 같아.

Why didn't you leave some for me?! That's not fair.
왜 내 거 안 남겨놨어?! 너무해.

직접 써보기

Leave some for me!

CHAPTER 6 극적인 표현

LESSON 129

배꼽 빠진다

너무 웃겨서 미칠 것 같을 때 한국에서는 흔히 "아, 진짜 배꼽 빠지겠다"라고 합니다. 예를 들면 친구가 몸 개그를 보여줄 때나 어이없는 말장난이 취향을 저격할 때 그래요. 이런 상황을 영국식 영어로는 어떻게 표현할까요?

I'm in stitches.

 DIALOGUE 일상 대화로 표현 익히기

Jinyoung **Did you see that video of Paul falling off his chair?**
폴이 의자에서 넘어지는 영상 봤어?

Peter **Yes! I was in stitches!**
봤지! 웃겨서 배꼽 빠지는 줄 알았어.

Jinyoung **Me too. I couldn't stop laughing.**
나도. 진짜 웃음이 멈추질 않더라.

Peter **Best thing I've seen all week!**
이번 주에 본 것 중 최고야!

 피터의 한마디

이번 표현은 한국어 "배꼽 빠진다"의 영국식 버전입니다. 영어에서는 진짜 배가 아플 정도로 웃을 때 "I'm in stitches"라고 표현합니다. 여기서 stitch는 원래 '바느질할 때 바늘땀'이라는 뜻이지만, 운동하다 옆구리가 결릴 때도 a stitch라고 하죠. 예를 들어 "I have a stitch"는 "옆구리 결려서 아파"라는 뜻이에요. 이럴 땐 보통 단수로 쓰입니다. 그런데 "I'm in stitches"처럼 복수형으로 쓰이면 '웃다가 배에 쥐 날 정도로 아프다', 곧 '너무 웃겨서 죽겠다'라는 뜻이 돼요. 심지어 이 표현은 셰익스피어 작품에도 등장할 만큼 오래된 표현이랍니다! 웃음이 터질 때 딱 쓰기 좋은 말이죠.

TIP

영어에는 bellybutton(배꼽)을 직접 사용하는 한국어와 유사한 표현은 없어요! 참고로 bellybutton이라는 단어 자체가 좀 귀엽지 않나요? 말 그대로 '배 단추'예요.

문장 활용해보기

That comedy show had me in stitches the whole time.
그 코미디 쇼 보면서 진짜 배꼽 빠지게 웃었어.

I'm in stitches just thinking about what happened yesterday!
어제 일을 생각만 해도 배꼽 빠지게 웃겨!

직접 써보기

I'm in stitches.

LESSON 130

이거 실화야?

피터! 한국에서는 도저히 믿기 힘든 상황을 마주했을 때 "이거 실화야?"라는 말을 자주 써요. 누가 말도 안 되는 얘기를 했을 때, 혹은 너무 충격적인 소식을 들었을 때 반사적으로 튀어나오는 말이죠. 영국 사람들은 이런 상황에서 뭐라고 하나요?

Are you serious?!

 DIALOGUE 일상 대화로 표현 익히기

Jinyoung **Did you hear about Laura and Benedict?**
로라랑 베네딕트 얘기 들었어?

Peter **No. What happened?**
아니, 무슨 일인데?

Jinyoung **They are getting a divorce because Laura fell in love with their son's friend.**
둘이 이혼한대. 로라가 아들 친구랑 사랑에 빠졌다고.

Peter **What?! Are you serious?!**
뭐?! 이거 실화야?!

피터의 한마디

이 표현 진짜 재밌어요. 한국어에서 "이거 실화야?"라는 말은 정말 많이 쓰이는데요, 영어로는 real story 또는 true story라고 해요. 그래서 누가 "실화야?"라고 물으면 "It's a true story", "진짜 실화야!"라고 대답할 수 있어요. 그런데 정말 믿기 힘든 상황에서 "진짜야? 말도 안 돼!" 같은 느낌으로 묻고 싶을 때 가장 자주 쓰는 표현은 바로 "Are you serious?"예요. serious는 '심각하다'라는 뜻도 있지만, 이 경우엔 "진짜야? 농담 아니지?" 같은 의미로 쓰여요. 그리고 그에 대한 강한 대답으로는 "I'm deadly serious", "나 진짜 진지해!"라고 할 수 있어요. 여기서 deadly는 '죽을 만큼'이란 의미로, 진지함의 강도를 강조하는 표현이에요.

TIP

조커의 유명한 대사, 기억하시죠? "Why so serious?", "왜 이렇게 심각해?"라는 뜻의 이 표현은 원래 농담이 오가는 가벼운 상황에서 누군가 갑자기 정색하거나 너무 진지하게 굴 때 가볍게 던지는 말이에요.

문장 활용해보기

You're getting promoted before me? Are you serious?!
네가 나보다 먼저 승진한다고? 이거 실화야?

Are you serious? You're really taking me to Hawaii?
이거 실화야? 진짜 나 하와이 데려가는 거야?

직접 써보기

Are you serious?!

LESSON 131

어림도 없다

누군가 말도 안 되는 얘기를 할 때 한국어로는 "어림도 없다", "웃기고 있네~", 혹은 "뭔 소리야?" 같은 말이 툭 튀어나오죠. 진지하게 반박하기보단 어이없고 황당해서 피식 웃으면서 내뱉는 반응이에요. 영국에서는 이런 상황에 어떤 표현을 쓰나요?

You're having a laugh.

 DIALOGUE 일상 대화로 표현 익히기

Jinyoung **I'm thinking of finishing this project in just one day.**
나 이 프로젝트 하루 만에 끝내려고 생각 중이야.

Peter **Really? You're having a laugh.**
진심이야? 어림도 없을걸.

Jinyoung **What? I'm totally serious!**
뭐라고? 나 완전 진지한데!

Peter **There is no way you can do that!**
그걸 할 수 있는 방법은 없어!

피터의 한마디

영국에서는 친구가 말도 안 되는 계획을 이야기하면 "You're having a laugh" 하고 웃으며 받아칩니다. 이 표현은 직역하면 "지금 웃기려고 하는 거야?" 정도지만, 한국어의 "어림도 없지~"와 아주 비슷한 뉘앙스를 갖고 있어요. 약간 빈정거리는 느낌도 담겨 있어서, 상대가 황당한 말을 했을 때 쓰기 좋죠. 영국식 발음으로는 '라프(laugh)'라고 합니다. 영국에서 정말 흔하게 쓰이는 캐주얼한 표현으로, 말도 안 되는 부탁이나 뻔한 거짓말을 들었을 때 쓰면 딱이에요!

TIP

미국에서는 이 표현보다는 "You've got to be kidding me" 혹은 "Are you serious?" 같은 말을 더 자주 씁니다.

문장 활용해보기

You want me to pay for all of that? You're having a laugh.
그걸 전부 내가 내라고? 웃기고 있네.

He said he could beat me at the game?
He's having a laugh!
자기가 나를 이길 수 있다고 했다고? 어림도 없지!

직접 써보기

You're having a laugh.

LESSON 132

눈에 확 띄네

길을 걷다가 어떤 간판이 확 눈에 들어올 때, 쇼윈도에 걸린 옷이 유독 눈에 띌 때, 한국에서는 "와, 눈에 확 띄네~"라고 자연스럽게 말합니다. 영국식 영어로 이 "띄네"라는 느낌을 어떻게 표현하면 좋을까요?

It really catches the eye.

" DIALOGUE 일상 대화로 표현 익히기

Jinyoung **Wow, look at that bright red car.**
와, 저 새빨간 차 좀 봐.

Peter **Yeah, it really catches the eye.**
응, 진짜 눈에 확 띄네.

Jinyoung **I couldn't stop looking at it.**
계속 쳐다보게 되더라.

Peter **I know, it's so flashy.**
맞아, 완전 화려하잖아.

피터의 한마디

이 표현은 정말 자주 쓰여요. "It really catches the eye"는 직역하면 '눈을 잡는다'는 뜻인데, 실제로는 시선을 강하게 끈다는 의미입니다. 어떤 것이 시각적으로 확 눈에 들어올 때 딱 맞는 말이에요. 단순히 '눈에 띈다'가 아니라 '눈길을 사로잡는다'는 뉘앙스죠. 주의할 점은 eye를 단수로 써야 한다는 것. "It catches the eyes"라고 하면 어색하게 들려요. 비슷한 표현으로는 "It's really eye-catching"도 좋아요. 영국에서도, 미국에서도 둘 다 잘 통하는 표현입니다. 제가 빨간색 운동화를 신었을 때 친구가 이 말을 하더라고요. "Mate, those really catch the eye!" 대부분 긍정적인 의미로 사용됩니다.

TIP

'grab the attention'이라는 표현도 자주 쓰여요. 'catch the eye'가 시각적인 요소에 더 초점을 맞춘 표현이라면, 'grab the attention'은 소리, 문구, 말투 등을 통해 단순히 시선을 넘어 귀와 마음까지 사로잡는 느낌이에요.

문장 활용해보기

That bright yellow dress really catches the eye.
그 밝은 노란색 드레스는 정말 눈에 확 띄어.

The bold design of the logo catches the eye immediately.
그 로고의 대담한 디자인이 단번에 시선을 확 사로잡습니다.

직접 써보기

It really catches the eye.

LESSON 133

뒤끝이 길다

피터, 혹시 "뒤끝이 길다"라는 말 들어보셨나요? 한국에서는 누군가에게 섭섭했던 일이나 불쾌한 감정을 오래도록 품고 있는 사람을 두고 이 표현을 자주 써요. 그런데 이런 '감정의 여운을 쉽게 털어내지 못하는 사람'을 영국식 영어로는 어떻게 표현할까요?

He holds grudges.

 DIALOGUE 일상 대화로 표현 익히기

Jinyoung **Did Emily finally forgive you for that argument?**
에밀리가 그때 싸운 거 용서해줬어?

Peter **No, she still won't talk to me.**
아니, 아직까지 나한테 말도 안 해.

Jinyoung **Wow, she really holds grudges.**
와, 진짜 뒤끝이 기네.

Peter **Yeah, it's nearly 6 months now.**
응, 거의 6개월째 그래.

피터의 한마디

'뒤끝'이라는 표현은 영어로 grudge가 가장 적절해요. 영어 사전에서는 보통 '원한'이라고 번역되지만, 실제로는 '뒤끝'을 가장 잘 표현해주는 단어죠. 원래 grudge는 hold와 함께 써서 그 감정을 오랫동안 품고 있는 상태를 나타냅니다. 그래서 "He holds grudges"라고 하면 '그 남자는 뒤끝이 길다'라는 뜻이 되는 거예요. 여기서 중요한 포인트는 굳이 'for a long time' 같은 말을 덧붙이지 않아도 된다는 것! hold라는 동사 안에 이미 오래 품고 놓지 않는, 쉽게 용서하지 못하는 뉘앙스가 들어 있기 때문이에요.

TIP

보너스로 'grudge match'라는 표현도 알려드릴게요! 이건 주로 스포츠에서 앙숙끼리 다시 맞붙는 경기를 말할 때 써요. 서로 감정이 좋지 않은 팀이나 선수가 재회하면 이렇게 표현하죠. "It's a grudge match." 즉, '앙숙끼리 벌이는 시합이다', '복수전이다'라는 느낌이에요.

문장 활용해보기

You're lucky I don't hold grudges.
내가 뒤끝 없는 사람인 걸 다행으로 알아.

I don't hold grudges but I also don't forget.
난 뒤끝은 없지만, 그렇다고 잊어버리지도 않아.

직접 써보기

He holds grudges.

LESSON 134

대박 나자!

피터, 혹시 "대박 나자!"라는 말 들어보셨나요? 한국에서는 무언가 일이 잘되기를 바랄 때 큰 성공을 기원하며 친구들끼리 자주 쓰는 말이에요. 그렇다면 영국식 영어에도 이렇게 좋은 결과를 기원하며 멋지게 성공하길 바라는 마음을 담은 말이 있을까요?

Let's smash it!

 DIALOGUE 일상 대화로 표현 익히기

Jinyoung **We've got a big presentation today.**
오늘 중요한 발표가 있잖아.

Peter **I know, I'm a bit nervous.**
나도 알아. 좀 긴장되네.

Jinyoung **Don't worry, let's smash it!**
걱정하지 마. 대박 나자!

Peter **Yeah, let's do this!**
그래, 가보자고!

 **피터의 한마디**

새로운 일을 시작하거나 중요한 시험을 앞두고 있을 때 서로에게 "대박 나자!!"라며 파이팅을 외치곤 하죠. 그런 강한 열망과 에너지를 담은 영국식 표현이 바로 "Let's smash it!"이에요. 직역하면 '박살 내자', '부숴버리자' 정도인데, 느낌 오죠? 진짜 열정과 파이팅이 가득한 표현이에요. 특히 스포츠 경기 전에 팀끼리 으쌰으쌰 결의를 다질 때도 자주 쓰인답니다. 이 책을 덮고 싶어질 때쯤, 다시 한번 외쳐보세요. Let's smash it! 끝까지 가보자고!!

TIP

참고로, 영국에서 "I'm smashed"라고 하면 "나 완전 꽐라 됐어"라는 뜻이에요. 영국 영어에는 '취했다'는 걸 표현하는 말만 500개가 넘는다는 사실! 그만큼 다양한 뉘앙스로 유쾌하게 표현할 수 있답니다

문장 활용해보기

**This exhibition is a big day for the company.
Let's smash it!**
이 전시는 회사에 매우 중요한 날이야. 대박 내보자!

The opponents are nothing special. Let's smash it today.
상대팀도 별거 없어. 오늘 대박 나자!

직접 써보기

Let's smash it!

LESSON 135

맥이 뚝 끊겨

이야기하다 보면 꼭 중간에 끼어들어서 방해하는 사람이 있잖아요. 회사에서든 술자리에서든 그런 사람이 한 명쯤은 있어요. 그럴 때 우리는 한국말로 "맥이 뚝 끊겼다"라고 하죠. 그런데 이 표현을 영국식 영어로는 어떻게 말할 수 있을까요?

The conversation dies down.

 DIALOGUE 일상 대화로 표현 익히기

Jinyoung: Whenever the boss says something everyone goes quiet.
상사가 뭐라고 하면 다들 갑자기 조용해지잖아.

Peter: **The conversation certainly dies down,** doesn't it?
진짜 맥이 뚝 끊기지, 안 그래?

Jinyoung: Yeah, I feel a bit sorry for him. He just wants to be liked.
응, 좀 안쓰럽기도 해. 그저 사람들이 자기를 좋아해주길 바랄 뿐인데.

Peter: Well, he could always give us a pay rise. That would work!
음, 그렇다면 월급을 올려주면 될 텐데. 분명 효과가 있을걸?

 피터의 한마디

가끔 눈치 없는 사람 때문에 갑자기 맥이 뚝 끊길 때가 있어요. 아마 본인은 자기가 눈치 없는 줄도 모를 거예요. 관련해서 쓸 수 있는 영어 표현이 몇 가지 있는데, 이번에 소개하고 싶은 표현은 바로 "The conversation dies down"입니다. 여기서 die라는 단어 때문에 뭐가 센 느낌이 들 수 있지만, 'die down'은 그렇게 무서운 말이 아니에요. '점점 잦아든다'라는 의미로, 예를 들면 "The fire died down"은 '불이 점점 꺼져갔다'는 뜻이죠. 이런 식으로 불이나 소리, 감정, 분위기 등이 조금씩 약해질 때 자주 쓰는 표현이에요. 그래서 "The conversation died down"이라고 하면 대화의 소리나 양이 점점 줄어들었다는 의미예요. 한국말로 치면 "맥이 뚝 끊겼어" 정도로 이해할 수 있죠.

TIP

한국어 표현처럼 '맥이 뚝 끊겼다'는 강한 느낌을 주고 싶다면 suddenly를 넣어서 "The conversation suddenly died down"이라고 할 수 있어요.

문장 활용해보기

Why does the conversation always die down when I enter the room, guys?
내가 방에만 들어오면 왜 항상 맥이 뚝 끊기는 거야, 얘들아?

The conversation died down after he made that inappropriate joke.
걔가 그 부적절한 농담을 하고 나서 맥이 뚝 끊겼어.

직접 써보기

The conversation dies down.

LESSON 136

속이 뒤집어지네

음식이 너무 맛없거나 냄새가 너무 심해서 도저히 못 먹겠을 때 한국에서는 흔히 "속이 뒤집어지네"라는 말을 하죠. 입맛이 확 떨어지고, 심하면 헛구역질까지 나는 그런 순간들에 쓰입니다. 그렇다면 피터, 이런 상황에서 영국 사람들은 어떻게 표현할까요?

It turns my stomach.

DIALOGUE 일상 대화로 표현 익히기

Jinyoung **What is that smell?**
그 냄새는 뭐야?

Peter **Oh, it's my gym clothes from last week.**
아, 그건 저번 주 헬스장 옷에서 나는 냄새야.

Jinyoung **What?! You didn't wash them?**
뭐? 그걸 안 빨았다고?

Peter **I'll wear them today and then wash them.**
오늘 입고 바로 빨게.

Jinyoung **Even the thought of that, it turns my stomach.**
생각만 해도 속이 뒤집어지네.

 **피터의 한마디**

영국은 음식이 맛없기로 유명하죠. 딱 그거예요! 대부분의 영국 음식은 그냥 심심하고 밍밍할 뿐, 특별히 역하거나 구역질 나게 만드는 경우는 드물어요. 문제는 간이 없다는 거죠! 하지만 예전 영국 서민 음식 중 하나인 jellied eels(차가운 장어 젤리)는 예외입니다. 이건 정말 많은 사람들의 속을 뒤집어놓죠. 이럴 때 쓸 수 있는 표현이 바로 "It turns my stomach"이에요. 직역하면 "내 위장을 뒤튼다"는 뜻인데, '너무 역해서 속이 뒤집힌다'는 의미로 한국의 "속이 뒤집어지네"와 거의 똑같은 뉘앙스랍니다!

TIP

stomach는 영어로 '위'를 뜻하죠. 그런데 한국어에서 말하는 '속'을 직역한 inside에 복수형 's'를 붙여 insides라고 하면 실제로 사람의 내장, 특히 뱃속을 의미하는 표현이 됩니다.

문장 활용해보기

It turns my stomach whenever I smell fish now.
이제는 생선 냄새만 맡아도 속이 뒤집어져.

His awful behaviour turned my stomach.
그의 행동 때문에 속이 뒤집어졌어.

직접 써보기

It turns my stomach.

LESSON 137

엎치락뒤치락

한국에서는 경기가 팽팽하게 오고가고 승부를 쉽게 예측할 수 없을 때, 또는 약팀이 강팀과 용감하게 맞붙었을 때 '엎치락뒤치락했다'라는 표현을 많이 써요. 이렇게 치열한 승부를 뜻하는 표현이 영국식 영어에도 있을까요?

go toe-to-toe

 DIALOGUE 일상 대화로 표현 익히기

Jinyoung How was football on Saturday?
토요일에 축구 어땠어?

Peter We **went toe-to-toe** with the best team in the league.
리그에서 제일 센 팀이랑 엎치락뒤치락했어.

Jinyoung You guys won?!
너희가 이긴 거야?!

Peter No. But we put up a good fight.
아니. 그렇지만 진짜 잘 싸웠어.

피터의 한마디

솔직히 처음엔 이 한국어 표현의 뜻을 잘 몰랐어요. 외국인 입장에선 뭔가 엉망진창이었다는 말처럼 들리기도 하거든요. 그런데 알고 보니 '왔다 갔다', '공격했다가 수비했다가' 하는 치열한 경기 상황에서 자주 쓰는 말이더라고요. 특히 조금 약한 팀이 강팀과 붙었을 때, 결과와 상관없이 용감하게 잘 싸운 경우에 많이 쓰죠. 이럴 때 영어로는 권투에서 유래한 표현인 'go toe-to-toe'가 딱이에요. 'toe-to-toe'는 말 그대로 발가락과 발가락이 맞닿을 정도로 가까이 붙어서 싸운다는 뜻으로, 겁먹지 않고 도망가지 않고 정면승부했다는 의미예요.

TIP

뒤에 전치사 with를 붙여서 상대를 넣으면 됩니다. 예를 들어 "I went toe-to-toe with Tyson"이라고 하면 "나 타이슨이랑 정면승부했어", "엎치락뒤치락하며 맞붙었어"라는 뜻이에요.

문장 활용해보기

You don't want to go toe-to-toe with your mother-in-law. You will lose.
장모님이랑 엎치락뒤치락할 생각은 하지 마. 네가 무조건 질걸?

I went toe-to-toe with the best in my day and won!
나도 한때는 최고들과 엎치락뒤치락해서 결국 이겼다고!

직접 써보기

go toe-to-toe

CHAPTER 6 극적인 표현

LESSON 138

기다리다가 목 빠지겠다

'기다리다가 목 빠지겠다'라는 표현, 들어보신 적 있나요? 한국에서는 무언가를 오래, 간절히 기다릴 때 쓰는 말이에요. 영국 사람들은 참을성도 많고 웬만하면 잘 기다린다고 들었는데… 그렇다고 이런 표현이 없을 리는 없겠죠? 피터, 알려주세요~

I'm itching for

 DIALOGUE 일상 대화로 표현 익히기

Jinyoung **You seem really bored.**
너 정말 지루해 보여.

Peter **Yeah, I'm itching for a new adventure.**
응, 새로운 모험을 기다리다가 목 빠지겠어.

Jinyoung **How about surfing this weekend?**
이번 주말에 서핑 어때?

Peter **That sounds perfect!**
완벽하잖아!

피터의 한마디

"기다리다가 목 빠지겠다"라는 한국 표현은 누군가를 기다리며 목을 쭉 빼고 두리번거리는 모습이 떠오르죠. 참 재미있는 표현이에요. 그런데 영어에서는 이와 비슷한 느낌을 '목'이 아니라 '간지러움(itch)'에 비유한답니다. 바로 'to itch for something'이라고 말해요. 무언가를 너무 하고 싶어서 몸이 근질근질할 정도로 간절한 상태를 뜻하죠. 예를 들어 좋아하는 가수의 콘서트 티켓을 구하기를 애타게 바랄 때, 영국에서는 이렇게 말할 수 있어요. "I'm itching for those concert tickets!" 딱 "기다리다가 목 빠지겠다!"와 같은 간절함이 느껴지죠!

TIP

참고로 itch랑 scratch는 원어민들도 종종 헷갈려 하는 단어예요. 엄밀히 따지면 itch는 '가렵다, 근질거리다'이고 scratch는 '긁다'를 뜻해요. 정리 끝!

문장 활용해보기

I'm itching for a holiday abroad this summer.
이번 여름엔 해외여행 기다리다가 목 빠지겠어.

You look like you're itching for a change of boyfriend.
너 요즘 남자 친구 갈아타고 싶어서 기다리다가 목 빠지겠는데?

직접 써보기

I'm itching for

LESSON 139

역대급이야

축구를 사랑하는 피터는 혹시 손흥민 선수도 좋아하시나요? 저도 막 엄청난 팬까지는 아니지만 그래도 손흥민 선수의 경기만 보면 괜히 어깨가 으쓱해질 만큼 자랑스럽더라고요. 손흥민처럼 최고의 선수, 전설급 활약을 보여주는 인물을 영국식 영어로는 뭐라고 표현할까요?

He is the GOAT.

 DIALOGUE 일상 대화로 표현 익히기

Jinyoung **What do you think of Son Heungmin?**
손흥민에 대해 어떻게 생각해?

Peter **It is hard to deny he is the GOAT in Korean football.**
그가 한국 축구에서 역대급 선수라는 사실은 부정할 수 없어.

Jinyoung **Absolutely legendary!**
완전 레전드지!

Peter **I wish he played for Arsenal.**
그가 아스널에서 뛰었으면 얼마나 좋았을까.

 **피터의 한마디**

손흥민 선수는 정말 역대급 선수죠. 아쉬운 건… 제가 사랑하는 팀, 아스널에서 뛰지 않는다는 것! '역대급'이라는 표현은 영어로도 다양하게 표현할 수 있어요. 가장 직역에 가까운 건 'the best in history', 하지만 실제로 원어민들이 더 자주 쓰는 표현은 두 가지가 있어요. 먼저 'legendary'인데, '전설'이라는 말에서 나온 형용사예요. "He's a legendary player"라고 하면 '그는 전설적인 선수다'라는 뜻이죠. 그리고 비교적 최근에 생긴 표현 중에 하나인 'GOAT'가 있어요. 이건 염소를 뜻하는 단어가 아니라 'Greatest Of All Time'의 약자예요. 즉, '역사상 가장 위대한 선수', 시간을 통틀어 최고라는 의미를 담고 있어요. 그래서 "손흥민은 진짜 GOAT다", "He is the GOAT"라고 말하면 재치 있으면서도 찬사의 표현이 되는 거죠.

TIP

GOAT는 한 글자씩 따로 읽지 않고, 그대로 goat라는 하나의 단어처럼 발음해요. 원래 뜻은 '염소'지만 Greatest Of All Time(역대 최고)의 줄임말로 쓰이면서 의미와 발음이 겹쳐져 더 재밌고 인상적인 표현이 된 거죠.

문장 활용해보기

She is legendary in basketball. The absolute GOAT.
그녀는 농구계의 레전드야. 진짜 역대급 선수지.

Who is the GOAT in football in your opinion?
축구에서 역대급 선수는 누구라고 생각해?

직접 써보기

He is the GOAT.

LESSON **140**

미역국 먹었어

피터, 아들이 최근에 시험을 망쳐서 다시 공부 중이거든요. 그래서 저도 덩달아 마음이 안 좋아요. 영어 표현 하나라도 건져야죠! 이런 경우 한국어로는 흔히 "미역국 먹었어"라고 하잖아요. 영국식 영어로는 어떻게 말할 수 있을까요?

I didn't make the cut.

 DIALOGUE 일상 대화로 표현 익히기

Jinyoung **How did your civil servant exam go?**
공무원 시험 어땠어?

Peter **I didn't make the cut.**
미역국 먹었지.

Jinyoung **I heard that the test is really difficult.**
그 시험 진짜 어렵다더라.

Peter **I don't think I will try again.**
다시 해볼 생각은 안 들어.

피터의 한마디

시험과 관련된 한국의 미신들이 정말 재미있고 신기하더라고요. 아마 영국 사람들은 시험을 그렇게까지 중요하게 여기지 않아서 이런 미신이 거의 없는 것 같아요. 그런데 영어에도 '시험에 붙다', '통과하다'라는 의미로 쓰이는 표현이 있어요. 바로 'make the cut'이에요. 한국어에서도 '커트라인(cutline)'이라는 표현을 쓰잖아요? 그걸 기억하시면 돼요. 커트라인에 도달하면 'make the cut', 그만큼 못 미치면 'didn't make the cut'이라고 표현하는 거죠. 여러분, 이 책을 통해 앞으로 치르는 모든 영어 시험에 꼭 붙기를 바랍니다. I hope you always make the cut!

TIP

cut 대신에 grade라는 단어도 사용할 수 있어요. grade는 흔히 학년이라는 뜻으로 알고 있지만, 여기서는 품질이나 등급을 의미하는 말이에요.

문장 활용해보기

Did you make the cut this time?
이번에는 합격했어?

I'm so sad that I didn't make the cut again.
또 미역국 먹어서 너무 속상해.

직접 써보기

I didn't make the cut.

LESSON 141

이미 엎질러진 물이야

한국에서는 어떤 일이 이미 끝나서 되돌릴 수 없을 때 "이미 어쩔 수 없는 엎질러진 물이다" 라는 말을 자주 합니다. 즉, 지나간 일을 후회해봤자 소용없다는 뜻인데요. 영국식 영어에서도 이런 상황을 물(water)을 이용해서 표현할 수 있을까요?

no use crying over split milk

 DIALOGUE 일상 대화로 표현 익히기

Jinyoung **I can't believe I made a big mistake in the presentation.**
발표에서 그렇게 큰 실수를 하다니 아직도 믿기지 않아.

Peter **It wasn't that bad. Many people didn't see it.**
그렇게 최악은 아니었어. 많은 사람들이 눈치도 못 챘을걸?

Jinyoung **There were a thousand people in the room watching.**
그 자리에 천 명이나 있었단 말이야.

Peter **Well, there is no use crying over split milk.**
음, 이미 엎질러진 물이니까 너무 신경 쓰지 마.

 **피터의 한마디**

영어에도 한국어의 '이미 엎질러진 물'과 아주 비슷한 표현이 있어요. 다만 물(water)이 아니라 우유(milk)를 씁니다. 바로 이 표현이죠. "There's no use crying over split milk." 직역하면 "이미 엎질러진 우유 가지고 울 필요는 없다"는 뜻이에요. 즉, 이미 지나간 일에 대해 후회하거나 슬퍼할 필요는 없다는 의미죠. 왜 하필 우유일까요? 제 생각에는 아이들이 우유를 많이 마시고, 또 우유가 엎지르기 쉬운 대상이기도 해서 그런 것 같아요. 그리고 아이들은 우유를 쏟으면 자주 울기도 하잖아요. 그럴 때 부모들이 하는 말이 바로 이 표현일 거예요. "이미 엎질러졌으니까 그만 울자."

TIP

영국식 영어로는 split milk이고, 미국식 영어로는 spilled milk입니다. 뜻은 같지만 표기는 물론 발음도 조금씩 다르다는 점, 알아두면 더 유용하겠죠?

문장 활용해보기

I know I shouldn't cry over split milk but I still feel sad about losing my wallet.
엎질러진 물에 우는소리 해도 소용없는 건 아는데, 지갑을 잃어버린 게 아직까지 속상해.

He's married to someone else now. There is no use crying over split milk!
걔는 이미 다른 사람이랑 결혼했잖아. 엎질러진 물이니까, 그만 생각해!

직접 써보기

no use crying over split milk

LESSON 142

꿈자리가 사나웠어

악몽이라고 하기엔 애매한 꿈을 꿨을 때, 한국어로는 보통 '꿈자리가 사나웠어'라고 표현하잖아요. 피터도 그런 경험이 있나요? 이 말을 영국식 영어로는 어떻게 표현할 수 있을지도 궁금해요.

My dreams gave me the heebie-jeebies.

DIALOGUE 일상 대화로 표현 익히기

Jinyoung **You look so tired today.**
너 오늘 엄청 피곤해 보여.

Peter **I had the weirdest dreams last night.**
어젯밤 꿈자리가 사나웠어.

Jinyoung **Were they nightmares?**
악몽이었어?

Peter **Not exactly, but they gave me the heebie-jeebies!**
막 무섭진 않았는데, 꿈이 좀 소름 끼쳤어.

 **피터의 한마디**

저는 가끔씩 새벽 2시에 일어나 축구를 볼 정도로 꿀꿀 시간조차 없는 사람이지만, 어젯밤엔 꿈자리가 너무 사나워서 깼어요. 그다지 악몽이라고 하기도 애매하고, 그렇다고 좋은 꿈은 절대 아니었고요. 바로 이런 느낌을 영어로 heebie-jeebies라고 표현해요. 이 단어는 명확한 어원도 없는데, 소리만 들어도 유령 이름 같지 않아요? 게다가 라임도 맞아서 기억하기 딱 좋죠. 예를 들어 폐가 근처를 지나갈 때, 갑자기 등골이 오싹할 때, 뭔가 심상치 않은 기운이 느껴질 때 바로 이 표현을 쓰면 딱입니다!

TIP

영어에서도 nightmare는 정말 무섭고 생생한 악몽인 반면, heebie-jeebies는 그보단 기분 나쁜 으스스함, 약간의 소름 돋는 느낌이에요.

문장 활용해보기

Walking past that old house gave me the heebie-jeebies.
저 낡은 집 옆을 지나가는데 등골이 오싹했어.

I don't know why, but after that dream, I got the heebie-jeebies.
이유는 모르겠는데, 꿈자리가 사나워서 괜히 소름 끼치고 찝찝했어.

직접 써보기

My dreams gave me the heebie-jeebies.

LESSON 143

냄새가 지독해

길을 걷다가 어디선가 갑자기 코를 찌르는 냄새에 깜짝 놀란 적 있으시죠? 지하철에서, 헬스장 옆에서, 혹은 오래된 음식물 쓰레기통 앞에서⋯ 우리는 이럴 때 말합니다. "와, 냄새가 지독해!" 이런 순간을 영국에서는 어떻게 자연스럽게 표현할까요?

It reeks.

 DIALOGUE 일상 대화로 표현 익히기

Jinyoung **Ugh, what is that smell?**
으악, 이 냄새 뭐야?

Peter **I don't know, but it reeks.**
모르겠지만, 정말 지독하다.

Jinyoung **Did someone leave food in here?**
누가 여기에 음식 두고 간 거 아니야?

Peter **Or maybe football socks⋯.**
아니면 축구할 때 신은 양말일지도⋯.

피터의 한마디

누군가 방에 들어오자마자 악취 때문에 인상을 팍 찌푸리면 저도 본능적으로 이렇게 말하게 돼요. "It reeks." reek는 '지독한 악취를 풍기다'라는 뜻인데, 특히 땀, 담배, 썩은 음식 같은 강하고 불쾌한 냄새에 자주 쓰는 표현이에요. 영국에서도 정말 흔하게 쓰이고, "It reeks of something"처럼 뒤에 'of + 원인'을 붙여 구체적으로 표현할 수도 있어요. 예를 들어 "It reeks of sweat"는 "땀 냄새 지독해"라는 뜻이죠. 또 하나, stinky는 아이들이나 가족끼리 귀엽게 표현할 때 주로 쓰는 말이라 일상 회화에서는 상황에 맞게 선택하면 좋아요! reek는 말만 들어도 냄새가 확 떠오를 만큼 강한 표현이라 상황에만 맞으면 정말 임팩트 있게 쓸 수 있어요. 기억해두면 유용한 표현입니다!

TIP

물론 미국에서 써도 이해는 되지만, 미국식 표현으로는 "It stinks", "It smells disgusting"이 더 자주 쓰여요.

문장 활용해보기

His gym bag reeks of sweat and socks.
걔 운동 가방에서 땀이랑 양말 냄새가 진동해.

This room reeks. Did something die in here?
이 방 냄새 지독한데? 여기서 뭐가 썩은 거 아니야?

직접 써보기

It reeks.

LESSON 144

술 좀 작작 마셔

친구가 술을 너무 과하게 마시고 있으면 속으론 걱정되면서도 "야, 술 좀 작작 마셔!" 하고 한 마디 툭 던지고 싶을 때가 있어요. 장난처럼 말할 수도 있고 진심 섞인 충고가 될 수도 있는 말인데요. 이럴 때 피터는 어떻게 말하나요?

Lay off the booze.

 DIALOGUE 일상 대화로 표현 익히기

Jinyoung **You drank three beers already.**
너 벌써 맥주 세 잔이나 마셨어.

Peter **So? It's the weekend!**
그래서? 주말이잖아!

Jinyoung **Seriously, lay off the booze.**
진지하게, 술 좀 작작 마셔.

Peter **Fine, one last beer….**
알았어, 마지막 한 잔만….

 피터의 한마디

사실 예전에 친구들이 저한테 자주 했던 말이에요. 바로 "Lay off the booze"입니다. lay off는 "그만해", "좀 줄여"라는 의미로, 어떤 행동을 자제하라고 말할 때 딱 좋은 표현이에요. 예를 들어 "Lay off the chocolate"이라고 하면 "초콜릿 좀 그만 먹어"라는 뜻이 되죠. 그리고 여기서 booze는 술, 특히 알코올 전반을 가리키는 속어(slang)예요. 너무 무겁거나 딱딱하지 않은 단어라서 가볍게 농담 섞어 말할 때도 자주 씁니다. 그래서 "Lay off the booze"는 "술 좀 자제해~"라는 뉘앙스로 친한 친구 사이에서 부담 없이 쓸 수 있는 표현이에요. 분위기를 망치지 않고 부드럽게 자제시키고 싶을 때 유용하답니다!

TIP

booze의 형용사인 boozy는 '술이 연관된 분위기'를 묘사할 때 자주 쓰입니다. 예를 들어 'a boozy weekend'는 '술에 찌든(?) 주말'이고, 'a boozy cruise'는 '술 마시며 떠나는 여행'이라는 뜻이죠.

문장 활용해보기

I think you've had enough. Lay off the booze tonight.
이제 충분히 마신 것 같아. 오늘 밤은 술 좀 작작 마셔.

After that boozy party last week, I'm laying off the booze for a while.
지난주 그 술 파티 이후로, 당분간은 술 좀 작작 마시려고.

직접 써보기

Lay off the booze.

LESSON 145

딱 질색이야

누가 뭔가를 권했는데 듣자마자 "으으, 진짜 딱 질색이야!" 하고 말하고 싶은 순간이 한번쯤 있어요. 그냥 "싫어" 수준이 아니라 보기만 해도 거부감이 들고 생각만 해도 질리는 것에 대한 표현인데요. 영국식 영어로는 어떻게 말해야 그 감정을 제대로 전달할 수 있을까요?

I detest something.

DIALOGUE 일상 대화로 표현 익히기

Jinyoung Do you want pineapple on your pizza?
파인애플 피자 어때?

Peter Ugh, I detest pineapple on pizza.
으으, 난 피자에 파인애플 올리는 거 딱 질색이야.

Jinyoung Wow, strong words!
와, 말이 세다!

Peter I know. I feel that strongly about it.
나도 알아. 그만큼 강하게 싫어해.

 **피터의 한마디**

가끔 어떤 건 그냥 '싫다'는 말로는 부족할 때가 있죠. 그럴 땐 영어로 "I detest (something)"이라고 표현합니다. 여기서 detest는 단순한 hate보다 훨씬 더 강한 감정을 담고 있어요. '혐오하다', '딱 질색이다'에 가까운 표현이라, 농담처럼 가볍게 쓰기보다는 정말 진심으로 싫은 것에 대해 쓸 때 적절해요. 발음할 때는 "디-테스트"처럼 '테'에 강세를 주면 됩니다. 음식, 습관, 스타일, 행동 등 보기만 해도 거부감이 드는 것들에 사용할 수 있어요. 영국에서도 이 표현은 진지한 대화나 글쓰기에서 꽤 자주 등장하는 단어예요. 한국어의 "딱 질색이야"보다도 조금 더 강한 감정 표현이라고 보시면 돼요. 여러분, 저를 질색하시는 건 아니겠죠?

TIP

파인애플 피자처럼 호불호가 극명하게 갈리는 음식들이 있는데, 영국에서는 대표적으로 Marmite(마마이트), black pudding(블랙 푸딩), mint sauce(민트 소스) 같은 것들이 있어요. 대부분 '완전 좋아하거나, 완전 질색이거나', 즉 중간이 없는 음식들입니다.

문장 활용해보기

I detest being late.
I'd rather be an hour early than one minute late.
난 지각하는 게 딱 질색이야. 한 시간 일찍 가는 게 1분 늦는 것보다 낫다고 생각해.

She detests liars more than anything.
그녀는 거짓말쟁이를 그 어떤 것보다 질색해.

직접 써보기

I detest something.

아주 뻔뻔하기 짝이 없네

누군가가 뻔뻔하게 무례한 행동을 했을 때, 예를 들어 고맙다는 말 한마디 없이 도움을 받거나 당당하게 잘못을 해놓고도 전혀 미안해하지 않을 때! 한국에서는 "진짜 뻔뻔하기 짝이 없네!"라고 합니다. 같은 상황일 때 영국에서는 어떤 표현을 쓰나요?

The sheer cheek of it.

 DIALOGUE 일상 대화로 표현 익히기

Jinyoung He just walked in and took the last piece of cake—without asking!
걔가 그냥 들어오더니 마지막 케이크 조각을 가져갔어. 물어보지도 않고!

Peter What? **The sheer cheek of it!**
뭐라고? 아주 뻔뻔하기 짝이 없네!

Jinyoung I know, right?
He even looked proud of himself.
그러니까! 심지어 자기가 잘했다고 뿌듯해하더라니까.

Peter Well, now what am I going to eat?!
이제 난 뭘 먹으라는 거야?!

피터의 한마디

"The sheer cheek of it"은 영국식 영어에서 자주 쓰이는 표현이에요. 누군가 뻔뻔하게 굴거나 예의 없는 행동을 했을 때 놀라움과 어이없음, 약간의 분노가 섞인 느낌으로 이 한마디가 툭 튀어나옵니다. 여기서 cheek는 원래 '볼'이라는 뜻이지만, 이 표현에서는 '무례함', '건방짐'이라는 비유적 의미로 쓰여요. 한국어의 '얼굴 두껍다'라는 말과도 묘하게 통하는 부분이 있죠. 그리고 sheer는 '순전한, 완전한, 순수한'이라는 뜻으로 뒤에 오는 명사를 강조해주는 역할을 해요. 그래서 "The cheek of it"은 "참 뻔뻔하네", "The sheer cheek of it"은 "아주 뻔뻔하기 짝이 없네!"라는 의미죠.

TIP

미국에서 흔히 쓰이는 표현은 아니에요. 미국에서는 대신 "You're so rude", "You're so cheeky" 같은 표현이 더 일반적입니다.

문장 활용해보기

She didn't even say thank you? The sheer cheek of it!
고맙다는 말도 안 했다고? 진짜 뻔뻔하기 짝이 없네!

He cut in front of the entire queue. The sheer cheek!
그가 줄 서 있는 사람들을 다 제치고 들어왔어. 너무 뻔뻔하네!

직접 써보기

The sheer cheek of it.

LESSON 147

질리지가 않아

아무리 먹어도 맛있고, 아무리 들어도 또 듣고 싶고, 몇 번을 봐도 또 보고 싶은 음식, 노래, 드라마, 심지어 사람까지! 그럴 때 우리는 자연스럽게 말하죠. "진짜 질리지가 않아!" 계속 반복해도 전혀 지루하지 않고 오히려 더 빠져드는 감정을 영국식 영어로 어떻게 표현할 수 있을까요?

I can't get enough of it.

DIALOGUE 일상 대화로 표현 익히기

Jinyoung You're eating kimchi again?
너 또 김치 먹는 거야?

Peter I can't get enough of it.
응, 질리지가 않아.

Jinyoung Doesn't it get boring?
안 질린다고?

Peter Never— it's perfect every time.
절대 안 질려. 매번 완벽하거든.

 피터의 한마디

한국 음식 중에 저는 김이 정말 질리지 않더라고요. 돌김, 곱창김, 소금 간 김 등등… 진짜 "I can't get enough of it!"이에요. 이 표현은 직역하면 '아무리 많이 가져도 부족하다'라는 뜻에서 나온 말인데요, 그만큼 계속 보고 싶고, 계속 먹고 싶고, 계속 좋아지는 대상에 쓰는 말이에요. 음식뿐 아니라 노래, 드라마, 아이돌, 풍경, 어떤 사람 등 너무 좋아서 질릴 틈도 없을 때 자연스럽게 말합니다. 영국에서도 아주 자주 쓰이는 표현이고, 미국에서도 물론 잘 통하는 말이에요. 딱딱하거나 과장된 말이 아니라 감정을 솔직하게 표현할 수 있는 자연스러운 문장이라 일상에서 정말 활용도가 높습니다!

TIP

반대되는 표현으로는 "I've had enough of~"가 있어요. 이 말은 어떤 것에 질렸거나 더는 참기 싫을 때 쓰는 표현이에요. 예를 들어 "I've had enough of this weather"는 "이 날씨, 이제 진짜 지긋지긋해!"라는 뜻이에요.

문장 활용해보기

This song is amazing — I can't get enough of it!
이 노래 진짜 대박이야. 아무리 들어도 질리지가 않아!

**I've watched that drama three times.
I just can't get enough.**
그 드라마 세 번이나 봤어. 정말 질리지가 않아.

직접 써보기

I can't get enough of it.

LESSON 148

또 놔버렸어

다이어트를 열심히 하겠다고 다짐했는데, 며칠간 잘 참다가 어느 순간 치킨 한 입 → 디저트 → 야식까지 쭉쭉 가는 그 흐름… 그럴 때 한국어로는 "또 놔버렸어…"라는 자조적인 말이 절로 나오는데요. 영국식 영어로 딱 어울리는 표현은 무엇인가요?

I let myself go again.

 DIALOGUE 일상 대화로 표현 익히기

Jinyoung I promised myself I'd stick to my diet this time….
이번엔 진짜 다이어트를 유지하겠다고 다짐했는데….

Peter What happened?
무슨 일이야?

Jinyoung I let myself go again.
또 놔버렸어.

Peter We all do it!
우리 다 그래!

피터의 한마디

이 표현은 요즘 제 상태 그 자체예요. "I let myself go again." 이 말은 자기 관리를 놓아버렸다는 뜻인데, 단순히 살이 찌는 걸 넘어 운동도 안 하고, 식단도 엉망이 되고, 외모나 건강에 전혀 신경 쓰지 않는 상태를 자조적으로 표현할 때 자주 씁니다. 'let oneself go'는 말 그대로 스스로를 방치하는 상태를 의미하죠. 특히 여기에 again을 붙이면 "또 이러네…" 하는 자책과 체념이 담긴 느낌이 강해져요. 영국에서는 이 표현을 들으면 공감 백배! 자학 개그처럼 농담조로 자주 쓰이기도 해요. 미국에서도 쓰이긴 하지만, 영국식 유머에서 특히 친근하게 받아들여지는 표현이에요.

TIP

반대로 격려하거나 조언할 땐 "Don't let yourself go(자기 관리 잊지 마!)"라고 할 수 있어요. 이건 정말 한국인들이 잘 지키는 부분이라 부럽기도 해요.

문장 활용해보기

After the holidays, I really let myself go again.
연휴가 끝나고, 진짜 또 자기 관리를 놔버렸어.

I was doing well for a week… then I let myself go again.
일주일 동안은 잘하고 있었는데… 결국 또 놔버렸어.

직접 써보기

I let myself go again.

LESSON 149

왜 이렇게 서툴러?

누군가 자꾸 뭘 엎지르거나, 고장 내거나, 일을 꼬이게 할 때, 한국에서는 흔히 이렇게 말하죠. "왜 이렇게 서툴러?" 장난 섞인 한숨과 함께요. 특히 가까운 사이에서 툭 던지기 좋은 표현인데요, 영국식 영어로도 말할 수 있을까요?

Why are you so rubbish at this?

DIALOGUE 일상 대화로 표현 익히기

Jinyoung Ugh, I keep messing up this puzzle.
아휴, 이 퍼즐 자꾸 틀려.

Peter **Why are you so rubbish at this?**
왜 이렇게 서툴러?

Jinyoung I don't know….
I'm usually good at these kinds of things!
나도 모르겠어…. 원래 이런 거 잘하는데 말이야!

Peter Come on, try again—
You'll get it right eventually.
자, 다시 해봐. 결국엔 맞출 수 있을 거야.

 **피터의 한마디**

영국에선 이런 상황에서 "You're so rubbish at this"라는 표현을 자주 써요. rubbish는 원래 미국 영어의 trash나 garbage에 해당하는 단어지만, 사람이나 능력에 대해 쓸 땐 '형편없다', '못한다'는 뜻이 돼요. 예를 들어 "Why are you so rubbish at maths?"처럼 특정 분야를 넣어서 말할 수도 있죠. 다만 이 표현은 장난처럼 쓸 때에만 자연스럽고 무례하지 않아요. 친한 사이에서 가볍게 놀리는 뉘앙스로 써야지, 진지하게 말하면 기분 나쁠 수 있어요. 참고로 "That's rubbish"라고 하면 "그거 말도 안 돼", "헛소리야"라는 뜻이 돼요. 상황에 따라 유용하게 쓸 수 있는 표현이죠!.

TIP

미국식 표현으로는 "You're so bad at this"나 조금 더 캐주얼하게 "You suck at this"가 더 흔하게 쓰입니다.

문장 활용해보기

He's rubbish at dancing, but he loves it.
걘 춤에 서툴지만, 그래도 엄청 좋아해.

Why are you so rubbish at the guitar?
You've been learning it for years.
기타 치는 거 왜 이렇게 서툴러? 몇 년 동안 배웠잖아.

직접 써보기

Why are you so rubbish at this?

LESSON 150

너 출세했네!

피터! 한국에서는 누군가가 성공하면 "와, 너 출세했네~"라고 말해요. 그 안에는 '잘됐다', '부럽다', '대단하다'는 감정이 다 섞여 있죠. 영국에서는 이런 말을 어떻게 해야 자연스러울까요?

You made it big!

 DIALOGUE 일상 대화로 표현 익히기

Jinyoung **Look at your new office, and in Cheongdam!**
와, 네 새 사무실 좀 봐. 그것도 청담에 있다니!

Peter **Yeah, it's pretty nice, isn't it?**
그치? 꽤 근사하지 않아?

Jinyoung **You made it big!**
완전 출세했네!

Peter **Thanks, it was all down to 진영영.**
고마워, 다 진영영 덕분이야.

 **피터의 한마디**

'출세'라는 단어는 영어에 딱 맞는 표현이 없어요. 보통 success in life처럼 풀어서 설명해야 하죠. 저도 예전에 어학당에서 '출세'라는 단어를 처음 배웠을 때 인상 깊었습니다. '와, 이런 단어가 따로 있구나!' 싶더라고요. 그나마 영어 표현 중에서는 "You made it big"이 '출세했다'는 의미에 가장 잘 어울리는 것 같아요. "You made it"만 써도 어떤 걸 해냈다, 힘들게 도착했다, 또는 성공했다는 의미가 있어요. 예를 들어 "I finally made it!"은 "나 드디어 해냈어!"라는 뜻으로, 오랜 시간 승진을 위해 노력하다가 성공했을 때도 쓸 수 있어요. 여기서 big은 말 그대로 '크게', 즉 크게 성공했다는 의미가 돼요. 그래서 "You made it big!"은 "대박났네!"의 뜻이에요.

TIP

반대로 "You made it small"이라는 말은 없어요. '작게 성공했다'거나 '실패했다'는 뜻으로는 사용하지 않아요. 즉, 'make it big'은 자연스럽지만 'make it small'은 말이 안 되는 거죠!

문장 활용해보기

You're releasing another book? You made it big!
또 다른 책을 출간한다고? 너 출세했네!

Just when will I make it big?
나는 언제쯤 출세할 수 있을까?

직접 써보기

You made it big!

CHAPTER 6 극적인 표현

영국 이모저모 6

차 Tea

　영국은 흔히 '차의 나라'라고 불리죠. 그런데 다들 아시겠지만, 차의 원산지는 사실 중국이에요. 영국이 식민지였던 인도에서 대량으로 차를 재배하긴 했지만, 차 자체를 영국의 것이라고 하기엔 애매하죠. 그래도 옛날부터 영국 사람들이 중국 차에 푹 빠졌고, 이후 인도산 차를 엄청나게 소비하면서 어느새 '영국 = 차의 나라'라는 이미지가 굳어진 거예요.

　아편 전쟁을 한번쯤 들어보셨죠? 사실 그것도 영국의 차 사랑에서 비롯된 전쟁이에요. 영국이 중국의 차를 너무 많이 수입하다 보니 무역 적자가 심각해졌어요. 그래서 영국이 중국에 아편을 팔아 무역 균형을 맞추려 했고, 이게 결국 전쟁으로 이어진 거죠. 그만큼 영국 사람들은 차를 정말 포기할 수 없었고, 지금까지도 차는 영국에서 가장 사랑받는 음료 중 하나입니다.

　영국에서 차는 정말 일상의 중심이에요. 어느 정도냐면, 한국에서 "밥 먹었어?"가 인사인 것처럼 영국에서는 "Fancy a cuppa?"라는 표현이 있어요. 이건 "Would you like a cup of tea?"의 일상적인 버전이에요. 그냥 "차 한잔하면서 수다 떨까?" 정도로, 아주 가볍게 쓰는 말이죠. 요즘 젊은 세대는 커피나 다른 음료도 많이 마시지만, 여전히 차는 영국인들에게 '작은 쉼표' 같은 존재예요. 차 한 잔에서 얻는 위로, 안정감 같은 게 정말 중요하거든요.

　영국 사람들이 차를 마시는 방식도 독특해요. 대부분 우유와 설탕(혹은 꿀)을 넣어서 마시고, "Milk and two sugars, please"처럼 주문하는 경우가 많아요. 아이스티는 거의 안 마셔요. 정말 '거의 절대' 안 마신다고 보면 돼요. 또, 주로 티포트에 홍차를 우리고 여럿이 함께 나눠 마시죠. 참고로 홍차를 영어로 red tea라고는 절대 안 부르고, 'black tea'라고 해요. 하지만 영국에서는 블랙티가 기본이라 그냥 'tea'라고 하면 대부분 홍차를 의미해요.

과거에는 차가 '한 끼'처럼 여겨질 정도였어요. 특히 영국 북부나 일부 지역에서는 저녁 식사를 "tea"라고 부르기도 해요. 이 표현은 아마도 예전에 공장에서 일하던 사람들이 오후 4~5시쯤 차로 간단히 식사를 대신하던 문화에서 유래한 것 같아요.

지금도 영국 회사들 중에는 'tea break'가 남아 있는 곳이 있어요. 말 그대로 하루에 15분 정도 차를 마시며 쉬는 시간이에요. 사람들이 가장 많이 마시는 건 머그컵에 간단히 마시는 티고, 그때 비스킷(영국식으로는 '비스킷', 미국식으로는 '쿠키')을 곁들여 먹는 경우가 많아요.

아마 영화나 드라마에서 본 고급스러운 차 문화는 대부분 'afternoon tea'일 거예요. 이건 원래 귀족 문화에서 시작됐어요. 당시에는 저녁 식사를 굉장히 늦게 했기 때문에, 오후 3~4시쯤 간단히 갖던 티타임이었죠. 애프터눈 티는 샌드위치, 디저트, 스콘이 3단 트레이에 예쁘게 나오는 게 특징이에요. 다만 요즘 영국 사람들도 평소에 자주 즐기진 않고, 특별한 날이나 외출했을 때 주로 즐기는 문화예요.

오늘의 문장

"I could murder a cup of tea." (차 한 잔 너무 당긴다.)

조금 잔인하게 들릴 수 있지만 실제로 살인사건이 일어나는 건 아니에요! "I could murder~"는 그만큼 간절히 원한다는 걸 과장되게 말하는 영국식 표현이에요. 예를 들어 "I could murder a hot bath"라고 하면 '따뜻한 목욕이 너무 간절하다', '지금 당장 뜨거운 물에 푹 담그고 싶다'라는 뜻이죠. 그 순간 가장 간절히 원하는 것을 뒤에 넣으면 됩니다.

피터 빈트의 진짜 영국식 영어